Ausstrahlung

Cosima Si

Ausstrahlung:

DAS GROSSE PRAXISBUCH FÜR EINE UNWIDERSTEHLICHE AUSSTRAHLUNG!

Die 4 Säulen einer fantastischen Ausstrahlung!
So werden Sie zum Menschenmagnet!
(Inkl. Anleitung)
Ausstrahlung jetzt!

Cosima Sieger

KDP-ISBN: 9781976801334

Inhalt

Wir strahlen aus, was wir SIND!

Kennen Sie das:

Ein Mensch kommt in einen Raum und plötzlich verändert sich die Energie im Raum. Er zieht magisch alle Blicke auf sich und scheint etwas unglaublich anziehendes an sich zu haben, obwohl er vielleicht gar nicht unbedingt besonders schön ist. Er strahlt eine innere Stärke, Lebensfreude und Offenheit aus und scheint sich über sich selbst, über den Moment und auf jeden einzelnen Menschen im Raum zu freuen. Wir fühlen uns von ihm magisch angezogen.

Was aber ist es eigentlich, das uns so anzieht?

Oft hören wir, dass wir unsere Ausstrahlung mit unserem Auftreten und unserer Erscheinung beeinflussen und verbessern können, dass unsere Ausstrahlung also ein Ergebnis unseres Auftretens sei.

In Wahrheit aber ist es genau umgekehrt:

Unsere Ausstrahlung ist das Ergebnis unserer inneren Haltung und diese FÜHRT zu einem bestimmten Auftreten, zu einer bestimmten Erscheinung und Wirkung auf andere Menschen.

Unsere Ausstrahlung ENTSTEHT jedoch in uns selbst.

Wir strahlen immer das aus, was wir in unserem Inneren haben. Ja, wir strahlen das aus, was wir SIND!

Und wir können uns noch so sehr bemühen, uns für den ersten Eindruck bei anderen Menschen ein gewisses Auftreten anzutrainieren und so eine vermeintlich bessere Ausstrahlung zu erhalten. Spätestens beim zweiten Blick auf uns kommunizieren wir das, was wir wirklich denken und sind, auch wenn wir mit gerader Haltung und einem Lächeln in einen Raum kommen. Und sobald wir uns nur wenige Minuten mit anderen Menschen unterhalten haben, offenbart sich das, was wirklich in uns ist. Wir zeigen unser wahres ICH:

Aufgesetzte versus echte positive Ausstrahlung

Haben Sie das auch schon einmal erlebt:

Sie lernen einen potenziellen neuen Partner kennen oder ein Freund stellt Ihnen seine neue Partnerin vor, oder ein neuer Kollege kommt Ihnen auf dem Flur entgegen und Sie denken im ersten Moment: Wow!

Doch sobald Sie die ersten Sätze miteinander gewechselt haben, bricht die faszinierende Ausstrahlung dieses Menschen wie ein Kartenhaus zusammen, er offenbart hinter seiner schillernden Schale eine gelangweilte, unzufriedene oder gar frustrierte Persönlichkeit, die kein wirkliches Interesse an irgendetwas zu haben und sich über kaum etwas wirklich zu freuen scheint. Dahin ist die tolle Ausstrahlung. Sie sind enttäuscht und irritiert. Und müssen Ihren ersten Eindruck von diesem Menschen korrigieren.

Nun, genau das geschieht, wenn Menschen versuchen, sich eine bessere Ausstrahlung von außen „anzutrainieren" beziehungsweise „aufzusetzen". Sie haben womöglich Ratschläge erhalten wie: Achte auf eine gerade Haltung, Lächle Menschen an, halte Blickkontakt und sie versuchen, diese Ratschläge zu befolgen. Aber diese äußeren Signale, die den Eindruck von Selbstsicherheit, Lebensfreude, Interesse an anderen und Sympathie für andere erwecken sollen, kommen nur dann wirklich bei uns an, wenn diese Selbstsicherheit, die Lebensfreude, und das Interesse an anderen auch wirklich im Inneren dieses Menschen vorhanden ist.

Denn unsere Ausstrahlung ist eine bestimmte Energie, die aus uns (genauer gesagt aus unserer inneren Haltung zu uns selbst, zu anderen Menschen und zum Leben) kommt und die auf unser Umfeld wirkt. Unser äußeres Auftreten und unsere Erscheinung mitsamt unserer Haltung, Gestik und Mimik, passen sich dieser inneren Haltung an.

Positive Ausstrahlung ist pure Freude, die aus unserem Inneren nach außen strahlt und unser Umfeld ansteckt. Diese Energie der Freude können wir nicht mit einem Lächeln vortäuschen. Jeder um uns herum wird sofort spüren, ob wir authentisch sind, oder nicht.

Wenn Sie Ihre Ausstrahlung verbessern wollen, dann müssen Sie sich deshalb um Ihr Auftreten und Ihre Erscheinung überhaupt keine Gedanken machen (sie ist eine natürliche Folge Ihrer inneren Haltung und kommt von ganz allein, wenn die innere Haltung stimmt).

Nein, wenn Sie Ihre Ausstrahlung verbessern und wirklich anziehend und auffallend positiv auf andere Menschen wirken möchten, dann müssen Sie Ihre innere Haltung ändern!

Sie müssen echte (Lebens-)Freude und echte Selbstsicherheit in sich aufbauen.

Dann werden Sie nicht nur beim ersten Eindruck bei Ihrem Umfeld punkten, sondern auch beim zweiten, dritten und vierten Eindruck und in den lebenslangen Freundschaften und Beziehungen, die Sie pflegen.

Alles beginnt in Ihrem Kopf – das Power Mindset für eine umwerfende Ausstrahlung

Wie aber funktioniert das genau?

Wie können Sie Ihre innere Haltung ändern?

Und was müssen Sie eigentlich genau in sich selbst verändern, um eine unwiderstehliche Ausstrahlung auf andere Menschen zu bekommen?

Um diese Frage zu beantworten, möchte ich Sie zu einem kleinen Gedankenausflug einladen:

Stellen Sie sich einmal vor, ein Mensch würde zur Tür herein kommen in das Zimmer, in dem Sie gerade sitzen. Es handelt sich um einen Menschen, der sein Leben liebt, der in seinem Leben Dinge tut, die ihn begeistern und der vor Begeisterung und Lebensfreude nur so sprüht, der mit sich selbst ausgesprochen zufrieden ist und eine innere Stärke und Würde besitzt, und der andere Menschen liebt und neugierig auf Sie zukommt, um Sie kennen zu lernen um heraus zu finden, was für ein liebenswerter Mensch Sie sind.

Was für eine Ausstrahlung hat dieser Mensch in Ihrer Vorstellung? Wie wirkt er auf Sie? Und wie fühlen Sie sich, als er in den Raum kommt?

Machen Sie sich doch dazu einmal ein paar kleine Notizen. Sie werden Ihnen später als Gedankenstütze dienen, wenn Sie beginnen, an Ihrer eigenen Ausstrahlung zu arbeiten.

Stellen Sie sich nun weiter vor, ein zweiter Mensch käme zur Tür herein. Bei diesem Menschen handelt es sich um einen Menschen, der den Glauben an das Schöne im Leben und an andere Menschen verloren hat, der nichts mehr in seinem Leben hat, worüber er sich wirklich begeistern kann, der ein Gefühl von Langeweile und Leere in sich trägt und sich auch nicht mehr für andere Menschen interessiert. Der aufgrund von negativen Erfahrung sein Vertrauen zu den Menschen verloren hat und der Sie nach dem Eintreten in den Raum sofort misstrauisch und skeptisch beäugt, der mit sich unzufrieden ist und der überzeugt ist, dass er im Leben nie das bekommen kann, was er sich wünscht, sondern vom Schicksal benachteiligt wurde.

Was für eine Ausstrahlung hat dieser zweite Mensch in Ihrer Vorstellung?

Und vor allem: wie fühlen Sie sich, als er zur Tür herein kommt?

Machen Sie sich auch dazu Notizen. Sie werden Ihnen später sehr hilfreich sein.

Sie sehen:

Was diese beiden Menschen unterscheidet, ist einzig und alleine ihre innere Haltung, ihr Mindset, Ihre Einstellung zu sich selbst, zu anderen Menschen und zum Leben im Allgemeinen. Und durch ihre unterschiedliche innere Haltung haben diese Menschen eine vollkommen unterschiedliche Ausstrahlung, und eine völlig gegensätzliche Erscheinung, Körperhaltung und Mimik. Und das entscheidende ist: sie rufen in Ihnen völlig verschiedene Gefühle hervor!

Wissen Sie was das Geheimnis beliebter Menschen, Menschen mit einer hohen Anziehungskraft ist?

Diese Menschen sind nicht die besten, schönsten und erfolgreichsten. Nein, sie schaffen es, bei ihrem Umfeld besonders positive Gefühle hervor zu rufen!

Und da Energie und Gefühle ansteckend sind und sich sofort auf unser Umfeld übertragen (jeder, der schon einmal mit einem sehr nervösen oder aggressiven Menschen an einem Tisch saß, weiß das), müssen Sie die Energie und das Lebensgefühl immer zunächst in sich selbst entwickeln, die sie ausstrahlen und somit auch bei Anderen hervorrufen wollen.

Sie brauchen also keinerlei Tricks und manipulative Techniken anzuwenden, um positive Gefühle bei ihrem Umfeld zu wecken, sondern Sie können genau diese Gefühle ganz einfach in sich selbst entwickeln, indem Sie Ihre innere Haltung verändern, und werden ganz automatisch das, was Sie in sich erschaffen haben, nach außen ausstrahlen und auf der Gefühlsebene auch bei Anderen hervorrufen.

Was die beiden Menschen aus unserem Beispiel unterscheidet, ist ihre innere Haltung zu sich selbst, zum Leben, zu anderen Menschen und zu Ihnen.

Es gibt im Wesentlichen 4 Säulen, die der erste Mensch aus dem Beispiel im Gegensatz zum zweiten in sich aufgebaut hat und die dafür sorgen, dass er eine so fantastische Ausstrahlung auf Sie hat, wenn er in den Raum kommt.

Diese 4 Säulen sind es, die den Unterscheid ausmachen zwischen einer extrem anziehenden und geradezu unwiderstehlichen Ausstrahlung, die Ihnen sofort die Herzen der Menschen zufliegen und sie in Ihrer Nähe sein wollen lässt und einer Ausstrahlung, die andere Menschen bedrückt, herunterzieht, misstrauisch macht und sich vor Ihnen verschließen, ja sich vielleicht sogar von Ihnen abgestoßen fühlen lässt.

Sie können dieses Wissen nutzen, um Ihre aktuelle Ausstrahlung auf andere Menschen zu prüfen und Ihre Ausstrahlung gezielt zu verbessern, indem Sie jede der 4 Säulen Schritt für Schritt aufbauen.

Und hier sind sie: Die 4 Säulen einer unwiderstehlichen Ausstrahlung.

Die 4 Säulen einer unwiderstehlichen Ausstrahlung

Säule 1: Echtes Selbstvertrauen

Wie Ihnen wahrscheinlich bekannt ist, ist Selbstvertrauen eine unbedingte Voraussetzung für eine positive Ausstrahlung. Aber was ist eigentlich echtes Selbstvertrauen? Um diese Qualität ranken sich viele Missverständnisse.

Damit ist nämlich nicht ein vermeintliches Macht- und Überlegenheitsgefühl gegenüber Menschen und Situationen gemeint, das uns die Illusion von innerer Sicherheit gibt, sondern echtes Selbstvertrauen, das darauf beruht, dass Sie zutiefst darauf vertrauen und sicher wissen, dass Sie alle Anforderungen des Lebens und noch wichtiger: Ihre eigenen Ansprüche an sich selbst (!) jederzeit spielend einfach erfüllen können und dass Sie in der Lage sind, sich vom Leben all die schönen Dinge zu nehmen, die Sie sich wünschen und die Stärke haben, die notwenigen Fähigkeiten dazu jederzeit selbst zu entwickeln.

Diese Form von Selbstvertrauen schenkt uns eine tiefe Zufriedenheit mit uns selbst und mit dem Leben und verleiht uns ein großes Gefühl von Sicherheit und innerer Stärke, für das es nicht mehr wichtig ist, wie stark andere Menschen neben uns sind.

Menschen mit echtem Selbstvertrauen müssen niemanden klein machen (auch nicht in Gedanken), um sich stark zu fühlen, ganz im Gegenteil. Sie freuen sich, wenn Menschen in ihrem Umfeld genauso stark und zuversichtlich sind wie sie selbst und helfen ihnen, es zu werden, sodass sie ihre Stärke, Kraft und Ideen zusammentun und großartige Dinge im Leben gemeinsam mit Anderen erschaffen können.

Säule 2: Wahre Selbstliebe

Es liegt auf der Hand, dass ein Mensch, der sich selbst nicht akzeptiert und mag, der sich nicht richtig findet und der sich in Gedanken stets selbst klein macht, weil er sich als nicht gut genug empfindet, nicht aufrecht, stolz und mit sich im Reinen durchs Leben gehen kann.

Auch wenn kaum jemand darüber spricht, leiden viele Menschen heute an der „Krankheit" des Perfektionismus. Zumindest in Bezug auf sich selbst. Und da kein Mensch perfekt sein kann, erleben sie sich selbst stets als nicht genug. Sie fühlen sich nicht erfolgreich genug, nicht schön genug, nicht schlank genug, nicht selbstbewusst genug, nicht witzig oder schlagfertig genug, nicht durchsetzungsstark genug... Und diese Liste könnte ich ewig fortführen.

Und weil sie sich selbst als nicht genug empfinden, sich also nicht akzeptieren und richtig finden MIT ihren kleinen Schwächen und Fehlern, kritisieren sie sich in ihren Gedanken Tag für Tag, ja nahezu permanent selbst, und machen sich dadurch selbst klein. Und je kleiner sie sich selbst erleben, desto unzufriedener werden sie mit sich. Ich möchte an dieser Stelle auf eine Ursachenanalyse verzichten - eine solche finden Sie in meinen Büchern über die Selbstliebe – und mich stattdessen lieber den Auswirkungen und der Lösung für dieses Problem zuwenden.

Denn natürlich hat diese innere Haltung ganz massive Auswirkungen auf ihre Ausstrahlung, die sie dann mit äußerlich angewandten Techniken wieder zu verbessern versuchen. Doch wie wir wissen, strahlt das, was wir über uns selbst denken und ob wir uns selbst mögen, nach außen aus und wird durch jede äußerlich angewandte Technik für unser Umfeld sichtbar.

Deshalb müssen wir die nötige Korrektur in unserem Inneren vornehmen. Und zwar in unseren Gedanken (über uns selbst), also dort, wo das Problem entstanden ist. Ich werde Ihnen in diesem Buch in einer ausführlichen Praxisanleitung zeigen, wie Sie sich aus diesem Teufelskreis befreien, wie Sie aufhören, sich unbewusst in Gedanken klein zu machen und sich stattdessen selbst mit Hilfe Ihrer eigenen Gedanken aufrichten, bestätigen und sich Liebe, echte Selbstakzeptanz, Nachsicht und Geduld schenken.

Säule 3: Liebe für andere Menschen

Haben Sie schon einmal beobachtet, dass Menschen mit einer sehr positive Ausstrahlung immer auch deshalb positiv auf Sie wirken, weil sie IHNEN gegenüber positiv eingestellt zu sein scheinen? Es sind Menschen, die mit offenem, interessiertem Blick und einer positiven Erwartung auf Sie zugehen und ganz offensichtlich Sie und die Menschen im Allgemeinen mögen.

Und da wären wir auch schon bei der dritten Säule einer unwiderstehlichen Ausstrahlung: Der aufrichtigen Sympathie, Offenheit und dem ehrlichen Interesse für andere Menschen. Und zwar nicht nur für den engsten Freundes- und Familienkreis und die Lieblingskollegen, sondern für alle Menschen!

Wer die Fähigkeit hat, anderen Menschen mit Neugier, einer positiven Erwartung und echter Sympathie entgegenzutreten, hebt sich bereits dadurch stark positiv von seinem Umfeld ab. Denn auch hier gilt:

Auch wenn wir es noch so gut zu verbergen versuchen: Andere Menschen spüren sofort (wenn auch manchmal unbewusst), wie wir ihnen gegenüber in Wahrheit eingestellt sind, ob wir uns von Herzen auf sie freuen, uns für sie interessieren, ihnen einen Vertrauensvorschuss geben und positives von ihnen erwarten oder nicht.

Aufgesetzte Freundlichkeit und Interesse nehmen wir zwar mitunter als angenehm war, aber sie wecken in uns kein

Vertrauen, keine Sympathie und keine wahre innere Öffnung für diesen Menschen. Wer es jedoch schafft, mit echter Offenheit, starker positiver Absicht, Interesse und Sympathie auf Andere zuzugehen, dem öffnen sich die Menschen, dem fliegen die Herzen zu, und der wird als ausgesprochen beliebt und anziehend wahrgenommen.

Denn jeder Mensch möchte sich gemocht, wichtig und angenommen fühlen. Und wer uns dieses Gefühl vermittelt, den wollen wir in unserer Nähe haben.

In diesem Buch werde ich Ihnen konkrete Schritte aufzeigen, wie Sie Ihre innere Einstellung zu anderen Menschen verändern und sie nicht nur positiv wahrnehmen, sondern sich auch wieder auf sie freuen können – so wie Sie sich als Kind gefreut haben, wenn Sie ein anderes Kind gesehen haben.

Sie können diese offene, positive Haltung wieder lernen, trotz der Enttäuschungen und Verletzungen die Sie, wie jeder andere Mensch auch, erlebt haben. Und wieder ein Stück Ihre Unvoreingenommenheit zurück gewinnen. Und das, OHNE Gefahr zu laufen, von Menschen als schwach wahrgenommen oder ausgenutzt zu werden. Wie, erfahren Sie später.

Säule 4: Pure Lebensfreude

Wissen Sie, welche Energie einen Menschen unglaublich anziehend und sexy macht und die Aufmerksamkeit anderer Menschen sofort auf ihn zieht?

Lebensfreude!

Ein Mensch, der vor Lebensfreude sprüht, fällt auf und wir möchten in seiner Nähe sein, denn Gefühle sind ansteckend! Und wir alle sehnen uns nach positiven Gefühlen.

Wecken und kultivieren Sie deshalb Ihre Lebensfreude!

Lernen Sie, sich wieder wirklich für Dinge zu begeistern. Wie ein Kind! Schenken Sie sich begeisternde Momente in Ihrem Alltag. Ich meine nicht Komfort, Luxus, Entspannung vom Alltag oder Unterhaltung – ich meine etwas, das Sie wirklich begeistert! Das Ihnen einen riesen Schub an Energie schenkt! Und lernen Sie, sich wieder ganz dafür zu öffnen und Ihre Begeisterung wieder zum Leben zu erwecken und intensiv zu spüren. Wie Sie das tun können, erfahren Sie in diesem Buch.

Wenn Sie lernen, diese Gefühle in sich zu wecken, dann ist eine unwiderstehliche Ausstrahlung nur das Nebenprodukt, das Sie unter Garantie erhalten werden. Das Hauptprodukt, das Sie gewinnen, ist noch etwas sehr viel kostbareres:

Ein intensives, aufregendes, lebendiges und glückliches Leben in echter Freude!

GROSSER PRAXISTEIL: SO WERDEN SIE IN 30 TAGEN ZUM MENSCHENMAGNETEN!

Im folgenden großen Praxisteil werden Sie nun jede der 4 Säulen für eine unwiderstehliche Ausstrahlung genau kennen lernen und Schritt für Schritt erfahren, was Sie ganz praktisch tun können, um sie aufzubauen.

Ich empfehle Ihnen, mit diesem Praxisbuch für 30 Tage gezielt und bewusst zu arbeiten und sich in dieser Zeit allen 4 Säulen intensiv zu widmen. Sie werden zwar bereits nach wenigen Tagen, ja nach bereits nur einem Tag der Umsetzung eine deutliche Veränderung in sich selbst und den Reaktionen anderer Menschen auf Sie feststellen. Aber da ich Ihnen in diesem Buch zeige, wie Sie Ihr Inneres grundlegend verändern, empfehle ich Ihnen, sich für mindestens 21, besser 30 Tage wirklich bewusst mit den folgenden Strategien zu beschäftigen und sie Stück für Stück als neue Gewohnheiten in Ihren Alltag und Ihr Leben zu integrieren.

Denn innere Veränderungen gehen immer mit veränderten Gewohnheiten im Denken und Handeln einher und Gewohnheiten brauchen Zeit, bis sie für uns zur Normalität und zu einer echten neuen Gewohnheit geworden sind, die wir wirklich verinnerlicht haben und über die wir nicht mehr nachdenken müssen.

Wenn Sie die Strategien aus diesem Buch jedoch ernsthaft umsetzen und alle 4 Säulen konsequent aufbauen, wird sich nicht nur Ihre Ausstrahlung dramatisch verbessern, sondern Ihr gesamtes Leben in Bezug auf Ihren Erfolg, Ihre Beziehungen zu anderen Menschen, Ihr Grad an Zufriedenheit, Erfüllung und Lebensfreude wird auf ein völlig neues Level gehoben, und das, wenn Sie sich die folgenden Strategien wirklich zur Gewohnheit machen, eben nicht nur vorübergehend, sondern dauerhaft.

Nutzen Sie deshalb dieses Buch um wirklich aktiv zu werden, um Ihre innere Haltung auf einer tieferen Ebene zu verändern und dadurch Ihr gesamtes Leben für immer zu verändern.

Ich wünsche Ihnen viel Freude und all den Erfolg, den Sie längst verdienen und der nun nicht mehr lange auf sich warten lässt!

Genießen Sie die unwiderstehliche und geradezu magnetische Wirkung, die Sie auf andere Menschen haben werden, sobald Sie dieses Programm umgesetzt haben.

Beginnen wir nun also mit der ersten Säule:

Säule 1: So entwickeln Sie ein unerschütterlich starkes Selbstvertrauen

In diesem Kapitel erfahren Sie, wie Sie ein unerschütterlich starkes Selbstvertrauen aufbauen und eine Selbstsicherheit erlangen, die dauerhaft und stabil ist und aus Ihrem Inneren kommt.

Wenn Sie mein Buch zum Thema Selbstvertrauen gelesen haben, dann werden Sie das Konzept bereits kennen. Ich möchte Sie in diesem Fall jedoch unbedingt ermutigen, das folgende Kapitel nicht zu überspringen, sondern es noch einmal genau durchzulesen und die empfohlenen Schritte wirklich zu gehen.

Erfahrungsgemäß merken wir uns beim ersten Durchlesen eines Textes nämlich nur einen Teil, und manches von dem, was wir gelesen haben, bringen wir nie in die Umsetzung. Lesen Sie wichtige Passagen daher ruhig mehrmals oder in regelmäßigen Abständen wieder, um die Inhalte, die mit der Zeit in Vergessenheit geraten, wieder in Ihr Gedächtnis zu holen.

Wer meine Bücher noch nicht kennt, wird nun ein Konzept kennen lernen, über das er sehr wahrscheinlich zuvor noch nie nachgedacht hat.

Das Geheimnis eines unerschütterlichen Selbstvertrauens

Es gibt nämlich eine Abkürzung zu einem dauerhaft starken Selbstbewusstsein, zu innerer Stärke, echter Zufriedenheit und einem extrem starken Selbstvertrauen.

Sie besteht aus drei Schritten und sie kann Sie und Ihr Leben vollkommen verändern, ja geradezu revolutionieren, wenn Sie damit wirklich Ernst machen. Denn sie sorgt in Windeseile dafür, negative Glaubenssätze gegen extrem positive Glaubenssätze über Sie selbst, Ihre Fähigkeiten und Ihre Kompetenzen auszutauschen – und das sogar, ohne dass Sie sich vorher Ihrer negativen Glaubenssätze überhaupt bewusst sein müssen.

ABER:

Diese Abkürzung wird Ihr Selbstbewusstsein und Ihr Selbstvertrauen nur dann wirklich entscheidend stärken, wenn Sie sie konsequent umsetzen, und zwar nicht manchmal, sondern immer. Und ich werde Ihnen auch gleich erklären, warum das so wichtig ist.

Zunächst aber möchte ich Ihnen die Abkürzung vorstellen.

Sie lautet:

Setzen Sie neue persönliche Standards für sich und Ihr Leben fest und steigern Sie diese neuen Standards in regelmäßigen Abständen immer weiter.

Hiermit sind allerdings ganz bestimmte Standards gemeint und es ist sehr wichtig, dass Sie den folgenden Punkt verstehen:

Es geht hier NICHT um Dinge, die Sie sich vom Leben wünschen, also nicht darum, dass Sie sagen:

Für weniger als Gehalt X werde ich nicht mehr arbeiten, oder meine Wohnung muss mindestens 100 Quadratmeter haben oder: Mein Partner muss äußerlich diesem oder jenem „Standard" entsprechen, oder: ich erwarte von Freunden dieses oder jenes.

Sondern es geht beim Aufbau Ihres Selbstvertrauens und dem Austauschen Ihrer Glaubenssätze über sich selbst ausschließlich um Dinge, die SIE SELBST für sich, für Ihr Leben und für andere Menschen AKTIV bereitstellen oder tun.

Es geht also um Dinge, die Sie (sich selbst und anderen) GEBEN und nicht um Dinge, die Sie BEKOMMEN wollen!

Das können beispielsweise Standards sein wie:

Ich versäume im Beruf niemals eine Deadline, werde nie wieder jemanden warten lassen, ich werde meinen Vorgesetzten mit jedem meiner Arbeitsergebnisse (oder bei jedem Kontakt) begeistern, ich werde dafür sorgen dass mein Partner jeden Tag spürt, dass ich ihn liebe, ich bereite für mich und meine Familie jeden Tag einen frischen Salat zu, ich bin immer und jederzeit fit genug, um 5 Kilometer zu laufen... und vieles mehr....

Diese Art der Standards zeichnet sich dadurch aus, dass sie die Verantwortung für den Verlauf Ihres Lebens und Ihre Erfolge in allen Bereichen Ihres Lebens ZU IHNEN zurückführt. Und das ist großartig!

Sie leben dadurch plötzlich nicht mehr reaktiv (wie die Mehrheit aller Menschen), sondern proaktiv – das heißt, Sie reagieren mit Ihren Handlungen nicht mehr auf Ihre Umstände, sondern Sie GESTALTEN mit Ihren Handlungen Ihre Umstände.

SIE haben es dadurch plötzlich selbst in der Hand, Dinge zu verbessern, neu zu gestalten oder auch ganz neu zu definieren. SIE erhalten dadurch die Macht darüber, welchen Bereich in Ihrem Leben Sie verbessern und zu was für einem Menschen Sie sich selbst entwickeln.

Sie brauchen dafür nichts von anderen, müssen auf nichts mehr warten. SIE SIND NICHT MEHR ABHÄNGIG VON IHREM UMFELD ODER DER AUSSENWELT, UM EIN GUTES LEBEN ZU FÜHREN! Wenn Sie sich Standards ausschließlich auf diese Weise setzen, dann werden Sie frei!

Und genau am Punkt dieser Erkenntnis kann Ihre innere Stärke beginnen, sich Stück für Stück voll zu entfalten...

Keine Sorge, es geht natürlich nicht darum, sich selbst zu überfordern oder gar alles auf einmal zu tun und Sie können sich Ihre eigenen Standards im Einklang mit Ihren eigenen Werten ganz frei selbst wählen. Das ist sogar sehr wichtig, wie Sie gleich erfahren werden. Dies waren nur ein paar Beispiele um Ihnen zu zeigen, welche Art der Standards hier gemeint ist.

Das entscheidende Kriterium für die Auswahl Ihrer neuen Standards lautet:

Es handelt sich um etwas, dass Sie GEBEN (oder tun) wollen, und nicht um etwas, das Sie BEKOMMEN wollen.

Nur mit solchen Standards werden Sie Ihr Selbstvertrauen von innen heraus aufbauen und ich erkläre Ihnen nun, warum und wie das funktioniert:

Um diese neuen, höheren Standards erfüllen zu können, müssen Sie nämlich neue Fähigkeiten entwickeln. Sie müssen sich selbst besser organisieren lernen, Ihre Willenskraft oder Disziplin stärken, Ihre Aufmerksamkeit, Ihre Konzentration oder Ihre Muskeln stärken oder Ihre soziale oder berufliche Kompetenz verbessern oder auch viele andere praktische Alltagsfähigkeiten aufbauen.

Durch das Anwenden Ihrer neuen Fähigkeiten (beim Erfüllen Ihrer neuen Standards) erzielen Sie neben Ihrem inneren Wachstum aber auch konkrete äußere Verbesserungen in Ihrem Leben (äußere Erfolgserlebnisse).

Und durch genau diese Kombination aus innerer Entwicklung (dem Aufbau neuer Fähigkeiten) und äußeren Erfolgsergebnissen explodiert Ihr Selbstvertrauen.

Und zwar weil Sie Tag für Tag (jedes Mal, wenn Sie Ihre neuen Standards erfüllen) für Ihr Gehirn neue positive (Erfolgs)Beweise sammeln, mit denen Sie sehr schnell ein neues positives Selbstbild aufbauen und Ihre alten, negativen Glaubenssätze über Sie selbst durch das neue positive Selbstbild ersetzen.

Sie sammeln durch das Erfüllen Ihrer neuen Standards genau die Beweise, die Sie brauchen, um alte negative oder von Unsicherheit geprägte Glaubenssätze über sich selbst durch neue, positive und selbstsichere zu ersetzen.

Und es spielt so auch gar keine Rolle, welche alten negativen Glaubenssätze heute bewusst oder unbewusst noch in Ihnen schlummern, sie werden diese Glaubenssätze durch die neuen Erfahrungen, die Sie mit sich selbst und Ihren Fähigkeiten (und Ihrem Umgang mit dem Leben) machen, ganz einfach überschreiben, und müssen sich gar nicht weiter mit ihnen befassen.

Natürlich impliziert das, dass Sie sich nicht nur neue Standards SETZEN, sondern Ihre neuen Standards auch ERFÜLLEN. Denn positive Beweise für unser Gehirn sammeln wir nur durch reale Erfolgserlebnisse und nicht durch gute Vorsätze.

Das bewusste Setzen und das regelmäßige Erhöhen unserer eigenen Standards hat aber noch einen weiteren Effekt, der unser Selbstvertrauen massiv stärkt:

Da das Erfüllen von Standards nicht nur in einzelnen Situationen passiert, in denen wir etwas mehr geben als sonst, sondern wir unsere Standards IMMER erfüllen müssen, bieten sie zusätzlich die Komponente der Verlässlichkeit.

Wir beginnen, uns mit der Zeit immer mehr auf unsere neuen Fähigkeiten und unseren neuen Umgang mit Situationen zu verlassen, denn wir haben schließlich bestimmte Standards, die wir erfüllen müssen und wir haben uns selbst bewiesen, dass wir sie auch erfüllen KÖNNEN.

Diese Verlässlichkeit stärkt und festigt Tag für Tag unser VERTRAUEN in uns selbst und unsere Fähigkeiten weiter, es festigt also unser SelbstVERTRAUEN.

Wir können uns mit jedem weiteren Tag immer fester auf uns selbst und auf unseren neuen Umgang mit dem Leben verlassen...

Die 3 Voraussetzungen, damit das Geheimnis Ihr Leben verändern kann

Sie haben bereits erfahren, dass Ihre neuen Standards bestimmte Voraussetzungen erfüllen müssen, damit Ihr Selbstvertrauen explodiert und Sie haben auch bereits erfahren, warum das so ist.

In diesem Kapitel möchte ich für Sie noch einmal die 3 entscheidenden Voraussetzungen zusammenfassen, die IMMER erfüllt sein müssen, damit Sie mit dieser Methode Ihr Selbstvertrauen verlässlich und enorm steigern.

Bitte prüfen Sie, wenn Sie in Zukunft Ihre ganz persönlichen neuen Standards festlegen, immer anhand dieser Übersicht kurz, ob Ihre neuen Standards alle 3 Voraussetzungen erfüllen.

Voraussetzung 1:

Es handelt sich bei Ihrem Standard um etwas, das Sie GEBEN wollen und nicht um etwas, das Sie BEKOMMEN wollen. Sie brauchen nichts und niemand anderen dafür, um diesen Standard erfüllen zu können, sondern können das ganz alleine tun. Die MACHT, Ihren Standard zu erfüllen, liegt bei Ihnen.

Voraussetzung 2:

Sie setzen sich nicht nur neue Standards, sondern Sie ERFÜLLEN sie auch (und zwar IMMER), denn nur dadurch sammeln Sie neue Erfolgsbeweise, die Ihre negativen Glaubenssätze Stück für Stück verdrängen.

Achten Sie deshalb darauf, dass Ihre neuen Standards mit Ihren persönlichen Werten im Einklang sind, dass es also Dinge sind, die Sie tun WOLLEN. Vergleichen Sie sich dabei nicht mit anderen, sondern setzen Sie Ihre ganz eigenen Standards, die SIE erfüllen müssen, um mit sich selbst ganz zufrieden zu sein und die für SIE einen Wert darstellen, ganz egal, was Andere denken.

Voraussetzung 3:

Da Sie Ihre Glaubenssätze über sich selbst (und damit Ihr Selbstvertrauen) nur verändern, wenn Sie Ihre neuen Standards auch erfüllen, wählen Sie Ihre Standards immer so aus, dass Sie sie auch erfüllen KÖNNEN! Setzen Sie sie also realistisch, und nicht zu hoch, fest.

Wenn Sie noch nie in Ihrem Leben joggen waren und sich den Standard setzen, wöchentlich 10 km zu laufen, werden Sie ihn schlichtweg nicht erfüllen KÖNNEN.

Gehen Sie daher in kleinen Schritten vor, immer von Ihrer jetzigen Situation und Ihren jetzigen Fähigkeiten ausgehend.

Langfristig können Sie sich natürlich gerne hohe Ziele setzen (das ist sogar ganz ausgezeichnet für Ihr Selbstvertrauen), aber gehen Sie in kleinen Schritten dort hin. Und zwar, indem Sie Ihre Standards regelmäßig weiter anheben. Sie erfahren darüber alle Details gleich. Noch einen Moment Geduld bitte.

Die 3 Schritte, mit denen Sie das Geheimnis erfolgreich umsetzen

In diesem Kapitel zeige ich Ihnen, welche drei Schritte Sie konkret gehen können, um mit dieser Methode Ihr Selbstvertrauen explodieren zu lassen. Im danach folgenden Praxisteil werden wir uns dann ganz speziell mit IHREN persönlichen neuen Standards beschäftigen.

Schritt 1:

Legen Sie neue Standards für sich selbst und Ihr Leben fest und achten Sie darauf, dass jeder der neuen Standards die drei notwendigen Voraussetzungen erfüllt. Beginnen Sie dabei zunächst mit drei neuen Standards in dem Lebensbereich oder den Lebensbereichen, in denen Sie im Moment am wenigsten Selbstvertrauen haben und die Sie als erstes verbessern möchten.

Auch wenn Sie es bereits gelesen haben, möchte ich es noch ein weiteres Mal wiederholen, da es so wichtig für Ihren Erfolg ist:

Es geht hier nicht darum, dass Sie festlegen, was Sie von anderen Menschen, Ihrer Beziehung, Ihrem Job usw. erwarten, sondern darum, dass Sie festlegen, was Sie VON SICH SELBST erwarten! Ihre neuen Standards sind Standards, die SIE erfüllen (und nicht Andere) - denen SIE gerecht werden, und zwar nicht manchmal, sondern IMMER.

Wir alle haben bereits unbewusst bestimmte Standards für uns definiert, die wir auch erfüllen, zum Beispiel, dass wir immer pünktlich sind (wenn uns das wichtig ist) oder dass wir immer unsere Rechnungen pünktlich bezahlen oder in unserem Beruf immer ein gutes Ergebnis erzielen. Und wir tun ganz selbstverständlich alles, was nötig ist, um diese Standards zu erfüllen.

Oft sind unsere Standards allerdings das Ergebnis der Erwartungen anderer Menschen oder unserer Umwelt und nicht Ergebnis unserer eigenen freien Entscheidung. Wir glauben, wir MÜSSEN diese Dinge tun oder in einer bestimmten Weise erfüllen.

Ich möchte Sie ermutigen, selbst zu bestimmen, welche Standards Sie sich in Ihrem Leben setzen und erfüllen möchten und diese Standards heute ganz bewusst selbst zu setzen.

Dabei spielt es keine Rolle, was Andere von Ihnen erwarten, sondern was SIE tun, wie SIE sein und wie SIE sich verhalten müssen, damit SIE wirklich zufrieden mit sich und stolz auf sich sein können. Genau das ist nämlich der Punkt, an dem Ihre Selbstsicherheit und Ihr Selbstvertrauen einen massiven Aufschub erhalten: Wenn Sie mit SICH wirklich zufrieden sind.

Knöpfen Sie sich also den Bereich oder die Bereiche vor, in denen Sie Ihr Selbstvertrauen gerne als erstes aufbauen wollen und fragen Sie sich ganz konkret:

Wie müssten Sie sich in Ihrer Beziehung, mit Ihren Kindern, mit Ihrem Partner oder im Umgang mit Ihren Kollegen verhalten (egal, wie sich die Anderen verhalten), um wirklich zufrieden mit SICH zu sein?

Wie müssten Sie mit Problemen in Ihrem Alltag oder mit Stress umgehen? Wie müssten Sie Ihren Job erledigen? Was für ein Zuhause müssten Sie sich und Ihrer Familie schaffen?

Wie müssten Sie Ihre Finanzen regeln? Wie müssten Sie mit Ihrem Körper und Ihrer Gesundheit umgehen? Wie müssten Sie sich im Alltag organisieren und Ihre Zeit und sich selbst managen? .... Damit Sie wirklich stolz auf sich sein können?

Sie werden durch neue Standards zu einem neuen Menschen! Und Sie dürfen selbst bestimmen, was für ein Mensch Sie sein möchten.

Dass Sie womöglich Ihr Leben lang Probleme hatten, bestimmte Standards zu erfüllen (vielleicht sind Sie „schon immer" chaotisch, können nicht mit Geld umgehen, sind ungeduldig), heißt noch lange nicht, dass Sie diese Standards nicht ändern können, wenn Sie sich dazu entscheiden.

Lassen Sie sich das bitte auch nicht einreden. Schon gar nicht von Menschen, die selbst noch nie ernsthaft an ihrer eigenen Persönlichkeit gearbeitet haben. Es ist schlicht nicht wahr. Jeder Mensch kann sich (vollkommen) neu definieren, wenn er eine klare Entscheidung trifft, sich dazu verpflichtet und in der Umsetzung konsequent bleibt. Ich erlebe es in der Praxis ständig.

Nehmen Sie sich ein Notizbuch zur Hand und schreiben Sie Ihre neuen Standards auf!

Und keine Sorge: Auch wenn Sie im Moment noch unsicher sind, Sie können sich dorthin entwickeln! Sobald Sie diese Dinge einmal als Standard für sich festgelegt haben, werden Sie einen Weg finden, Ihre Standards zu erfüllen und auch zu halten.

Ihre Standards zu erfüllen wird ein MUSS für Sie und ist nicht mehr (wie vielleicht bisher) ein „es wäre schön wenn…“ oder „ich weiss, ich sollte eigentlich…“ oder „ich wäre gerne…“.

Ja, Ihre Standards werden Teil Ihrer Identität und sie werden Ihr Selbstbild ganz entscheidend formen. Legen Sie sie also ruhig hoch fest und erwarten Sie viel von sich, allerdings immer nur so hoch, dass Sie sie auch wirklich erfüllen können!

Schritt 2:

Verpflichten Sie sich Ihren neuen Standards!

Solange Sie Ihre Standards einfach als ein „Nice to have" aufschreiben, als Wunschliste, wie Sie gerne wären und wie Sie gerne mit dem Leben umgehen würden, sind es noch keine Standards.

Erst wenn Sie sich klar für sie entscheiden und ALLES tun, was dafür nötig ist um sie IMMER zu erfüllen, werden sie wirklich zu Ihren Standards und formen so letztlich Ihren Charakter.

Denken Sie daran:

Wer etwas wirklich will, der findet Wege, wer etwas nicht will, findet Ausreden.

Die Entscheidung liegt immer bei Ihnen.

Und ja, Charakter ist veränderbar! Wir können ihn formen. Und wir können es bewusst tun. Es gibt kaum etwas kraftvolleres, als selbst dafür zu sorgen, dass wir uns zu dem Menschen entwickeln, der wir sein wollen (auch wenn wir dafür neue Dinge lernen, neue Fähigkeiten entwickeln, uns Vorbilder suchen und aktiv werden müssen), anstatt andere Menschen nur dafür zu bewundern und uns einzureden, dass wir niemals so sein könnten...

Schritt 3:

Schritt 3 ist deshalb die direkte Folge ihrer Entscheidung aus Schritt 2:

Sorgen Sie AKTIV dafür, Ihre neuen Standards zu erfüllen. Und zwar IMMER! Machen Sie das Erfüllen Ihrer eigenen Standards zu Ihrer ersten Priorität, zu einem MUSS, von dem Sie sich Dich durch nichts und niemanden abhalten lassen.

Dadurch werden Ihre Standards zu festen Prinzipien und somit auch zu einem Orientierungspunkt, der Ihnen Kraft gibt. Etwas, das Sie durch das Leben führt und nach dem Sie sich richten können, ganz egal, was in Ihrem äußeren Leben geschieht.

Ganz nebenbei werden Sie mit dieser Strategie übrigens auch von Ängsten und Unsicherheiten befreit, die dadurch entstanden sind, dass Sie sich dem Leben oder anderen Menschen (bewusst oder unbewusst) ausgeliefert fühlen oder gefühlt haben.

Wenn wir für unsere Standards aktiv werden und sie erfüllen, beweisen wir uns zudem selbst, dass wir unsere eigenen Ziele erreichen können und das umsetzen können, was wir uns vornehmen. Dass wir also in der Lage sind, unser Leben selbst zu steuern, egal, wie die äußeren Umstände sind, und dass wir uns nicht von ihnen steuern lassen müssen, sondern frei sind!

Und Sie werden sehen, je öfter Sie Ihre neuen Standards erfüllen, umso rasanter wachsen Ihr Selbstvertrauen, Ihr

Selbstbewusstsein und auch Ihr Selbstwertgefühl, denn Sie erleben sich selbst dann als jemanden, der positiv, konstruktiv und wertegeleitet mit dem Leben umgeht. Und es gibt wohl keinen Menschen, der einen solchen Umgang mit dem Leben bei sich selbst und anderen nicht wertschätzen würde.

Jedes Mal, wenn Sie Ihre eigenen Standards erfüllen, sammeln Sie also einen neuen Beweis dafür, dass SIE Ihr Leben steuern und dass Sie selbstbestimmt und konstruktiv mit dem Leben umgehen und bilden dadurch – wie Sie bereits wissen - schon bald neue Glaubenssätze über sich selbst, Ihre Fähigkeiten und Ihren Wert (zum Beispiel für Ihre Firma, Ihren Partner, Ihre Familie, die Gesellschaft etc.) aus. Und diese Glaubenssätze formen, wie Sie ebenfalls bereits wissen, Ihr Selbstbild.

Seien Sie deshalb wirklich konsequent. Machen Sie keine halben Sachen, sondern treffen Sie eine ernsthafte Entscheidung (und überlegen Sie sich vorher gut, welche Standards Sie WIRKLICH erfüllen wollen) und dann setzen Sie Ihre Prioritäten neu und starten durch zu Ihrer neuen Identität!

Ich kann Ihnen nur ans Herz legen:

Nutzen Sie das Geheimnis des bewussten Setzens von eigenen Standards und wenden Sie diese ausgesprochen machtvolle Strategie an! Erfinden Sie sich noch einmal ganz neu und revolutionieren Sie dadurch Ihr Leben!

Nicht, wenn wir von Anderen oder vom Leben Dinge fordern, oder uns möglichst viel vom Leben (oder anderen Menschen) nehmen (können), wachsen unser Selbstvertrauen, unser Selbstwertgefühl und unser Gefühl der inneren Stärke, sondern wenn wir uns selbst als unabhängig und selbstbestimmt erleben!

Als einen Menschen, der sich selbst und sein Leben proaktiv steuern und frei entscheiden kann, wie er mit Situationen und Menschen umgeht. Der in der Lage ist, mit dem Leben so umzugehen, dass er sich selbst und Andere glücklich machen kann, wenn er es möchte.

Diese Kunst zu beherrschen ist die wahre Quelle eines starken Selbstbewusstseins.

Und Sie können sich vorstellen, wie stark das Ihre gesamte Ausstrahlung verändern wird...

30 Tage Plan: Wie Sie das Geheimnis in IHREM Leben anwenden

In diesem Praxisteil werden wir uns nun IHREN persönlichen neuen Standards, Ihrem neuen Selbstbild und Ihrem neuen Leben zuwenden und Ihr neues Wissen aus den letzten Kapiteln in die Praxis umsetzen.

Ich begleite Sie bei diesem Schritt und zeige Ihnen jetzt konkret, wie Sie dafür ganz einfach in den nächsten 30 Tagen vorgehen und Ihr Selbstvertrauen explodieren lassen.

Machen Sie sich darauf gefasst: In 30 Tagen werden Sie ein neuer Mensch sein!

Woche 1:

Tag 1:

Nehmen Sie sich heute 30 Minuten Zeit und ziehen Sie sich an einen ruhigen Ort zurück (oder setzen Sie sich in ein gemütliches Cafe).

Denken Sie an einen Bereich in Ihrem Leben, in dem Sie (momentan) besonders wenig Selbstvertrauen haben und den Sie gerne erfolgreicher und erfüllter gestalten würden. Das mag der Bereich Partnerschaft oder Beziehungen sein, oder auch Ihre Finanzen, Ihr Beruf, der Bereich Sport oder etwas anderes. Es sollte aber ein Bereich sein, der Ihnen wichtig ist und der Ihnen am Herzen liegt.

Überlegen Sie sich nun:

Welche 3 Dinge könnte ich tun (die ich im Moment nicht tue), die bei regelmäßiger Wiederholung einen riesigen positiven Unterschied in diesem Bereich meines Lebens bewirken würden?

Setzen Sie diese 3 Dinge als neue Standards für sich fest. Achten Sie aber bei der genauen Auswahl und Festlegung Ihrer Standards darauf, dass sie die 3 Voraussetzungen erfüllen, die ich Ihnen in diesem Buch vorgestellt habe und passen Sie sie, falls nötig, an.

Schreiben Sie Ihre neuen Standards auf. Schriftlich geäußerte Gedanken bleiben nicht nur besser im Gedächtnis, als bloß gedachte Gedanken, sondern sie haben auch einen deutlich verbindlicheren Charakter für uns. Es ist ein bisschen so, als würden wir einen Vertrag mit uns selbst schließen, in dem wir uns zu unseren neuen Standards verpflichten.

Das bringt mich auch schon zum nächsten Punkt:

Verpflichten Sie sich nun Ihren neuen Standards (siehe Schritt 2 der Anwendung des Geheimnisses eines starken Selbstvertrauens)

Tag 2-6:

Setzen Sie an den folgenden Tagen Ihre neuen Standards (pro)aktiv im Alltag um, und zwar jeden Tag.

Sehen Sie sich die Liste mit Ihren 3 neuen Standards am besten täglich einmal kurz an, um sie sich in Erinnerung zu rufen. Gerade am Anfang, wenn Sie noch nicht an sie gewöhnt sind, ist das sehr wichtig.

Damit Sie es nicht vergessen, tun Sie das einfach immer zur gleichen Zeit, am besten gleich morgens nach dem Aufwachen. Ein kurzer Blick auf Ihre Liste genügt, um sich Ihre Standards in Erinnerung zu rufen, bis Sie sie vollkommen verinnerlicht haben und sie automatisch erfüllen.

Und nun erfüllen Sie sie den Tag über. Leben Sie Ihre Standards!

Nehmen Sie sich zudem jeden Abend zwei Minuten Zeit und notieren Sie schriftlich je eine Situation zu jedem Ihrer 3 neuen Standards, in der Sie an diesem Tag Ihren Standard erfüllt haben. Ein kurzer Satz pro Situation genügt, aber schreiben Sie ihn auf.

Durch das Bewusst machen, in Erinnerung rufen und Aufschreiben Ihres Erfolgs verankern Sie diesen noch tiefer in Ihrem Gehirn. Dadurch bilden sich in Ihnen noch schneller neue, positive Glaubenssätze über Ihre Fähigkeiten und Sie beschleunigen so den Prozess, Ihre alten Glaubenssätze durch neue zu ersetzen, Ihr Selbstbild zu verbessern und Ihr Selbstvertrauen zu stärken.

Tag 7:

Tun Sie heute das gleiche wie an den vergangenen Tagen 2-6.

Lassen Sie anschließend die vergangene Woche in Gedanken kurz Revue passieren und schreiben Sie 2 Dinge auf, die sich durch das Erfüllen Ihrer neuen Standards bereits nach außen sichtbar (und auch für Andere wahrnehmbar) verbessert haben.

Durch diese Bewusstmachung konkreter Erfolge, die nicht nur Ihr inneres Selbstbild, sondern auch Ihr äußeres Leben verbessern, motivieren Sie sich selbst enorm, mit dieser Strategie weiter zu machen.

Und nun:

Feiern Sie sich selbst und Ihren Erfolg! Daran ist überhaupt nichts Verwerfliches – Denn Eigenlob stinkt ganz und gar nicht. Eigenlob STIMMT und ist überaus wichtig!

Machen Sie sich ein kleines Geschenk. Etwas, das Sie sich sonst nicht gönnen. Das kann ein Stück Kuchen zum Kaffee sein oder eine Schachtel Pralinen, aber auch ein gutes Steak nach Feierabend, oder dass Sie heute einfach mal nicht die Wohnung sauber machen und sich stattdessen eine Stunde in die Badewanne legen.

Schenken Sie sich etwas, über das Sie sich wirklich freuen.

Woche 2:

Wiederholen Sie in der zweiten Woche das Programm der ersten Woche. Wählen Sie dafür 3 weitere Standards aus, mit denen Sie einen Lebensbereich verbessern möchten, der Ihnen wichtig ist. Das kann der gleiche sein wie in der ersten Woche, oder auch ein anderer. Entscheidend ist, dass er Ihnen wirklich wichtig ist.

Setzen und erfüllen Sie diese 3 neuen Standards nun ZUSÄTZLICH zu Ihren 3 Standards der letzten Woche. Einmal gesetzte Standards sollten Sie dauerhaft beibehalten.

Aber keine Sorge: Neue Standards werden Ihnen bei täglicher Erfüllung innerhalb von 14-21 Tagen zur Gewohnheit und Sie müssen ab diesem Zeitpunkt nicht mehr über sie nachdenken, und verhalten sich in den jeweiligen Situationen automatisch entsprechend.

Betrachten Sie am letzten Tag der zweiten Woche den gesamten Zeitraum der letzten 14 Tage und machen Sie sich bewusst, welche äußeren Verbesserungen sich durch Ihre neuen Standards in diesen 2 Wochen bereits in Ihrem Leben eingestellt haben. Notieren Sie mindestens 5 Dinge und beachten Sie auch Kleinigkeiten.

Feiern Sie sich wieder! Diesmal gerne mit einem etwas größeren Geschenk – vielleicht einer Massage, einem Besuch im SPA oder einem Konzertbesuch...

Woche 3:

Wiederholen Sie in der dritten Woche wieder das Programm der ersten Woche. Wählen Sie dafür 3 weitere Standards aus, mit denen Sie einen Lebensbereich verbessern möchten, der Ihnen wichtig ist.

Setzen und erfüllen Sie diese 3 neuen Standards nun ZUSÄTZLICH zu Ihren 6 neuen Standards der letzten beiden Wochen. Einmal gesetzte Standards sollten Sie dauerhaft beibehalten.

Betrachten Sie am letzten Tag der dritten Woche den gesamten Zeitraum der letzten 21 Tage und machen Sie sich bewusst, welche Verbesserungen sich durch Ihre neuen Standards in diesen 3 Wochen bereits in Ihrem Leben eingestellt haben. Notieren Sie mindestens 8 Dinge. Auch Kleinigkeiten zählen.

Feiern Sie sich auch diesmal wieder ruhig mit einem etwas größeren Geschenk.

Auch Erwachsene werden durch Belohnung motiviert! ☺ Und da Sie gerade dabei sind, sich selbst zu entwickeln und Ihr gesamtes Leben dadurch Tag für Tag immer weiter zu verbessern, haben Sie eine richtig tolle Belohnung auch mehr als verdient!

Woche 4:

Wiederholen Sie in der vierten Woche noch einmal das Programm der ersten Woche. Wählen Sie dafür 3 weitere Standards aus, mit denen Sie einen Lebensbereich verbessern möchten, der Ihnen wichtig ist.

Setzen und erfüllen Sie diese 3 neuen Standards nun ZUSÄTZLICH zu Ihren 9 neuen Standards der letzten drei Wochen. Einmal gesetzte Standards sollten Sie dauerhaft beibehalten.

Und denken Sie weiter daran: Ihre Standards werden Ihnen bei täglicher Wiederholung innerhalb von 14-21 Tagen zur Gewohnheit. Sie müssen ab diesem Zeitpunkt nicht mehr über sie nachdenken und verhalten sich in den jeweiligen Situationen automatisch entsprechend.

Woche 5:

Tag 29:

Nehmen Sie sich heute 30 Minuten Zeit für eine Auswertung der letzten 4 Wochen und beantworten Sie folgende Fragen schriftlich:

1. Wie nehme ich mich selbst wahr in den Bereichen, in denen ich meine Standards erhöht habe?
2. Wie zufrieden bin ich mit mir auf einer Skala von 1-10 in den Bereichen, in denen ich meine Standards erhöht habe?
3. Welche 10 positiven Erfahrungen habe ich in den letzten 4 Wochen dadurch gemacht, dass ich meine Standards erhöht habe? (auch kleine Situationen zählen).
4. Wie selbstsicher bin ich auf einer Skala von 1 -10 in den Bereichen, in denen ich meine Standards erhöht habe?
5. Wie selbstsicher möchte ich auf einer Skala von 1-10 in diesen Bereichen bis zum Ende des nächsten Monats sein?
6. Was kann ich konkret tun, um auf der Skala in den nächsten 4 Wochen auf die gewünschte Stufe zu gelangen: Welche 3-5 weiteren Standards kann ich dafür neu setzen und erfüllen (oder: wie kann ich 3-5 meiner neuen Standards vom letzten Monat noch weiter anheben und erhöhen um dieses Ergebnis zu erreichen)?

7. Wer bin ich (in einem Satz) in den Bereichen, in denen ich meine Standards erhöht habe? Schreiben Sie Ihr neues positives Selbstbild in einem Satz auf. Ignorieren Sie dabei das, was noch nicht perfekt ist und schreiben Sie nur das positive auf. Relativieren Sie es auch nicht, sondern feiern Sie es. Bleiben Sie mit Ihrem Fokus bei Ihrem Erfolg und dem, was Sie bereits GUT machen, nicht bei dem, was Sie noch besser machen könnten. Unsere Energie folgt unserer Aufmerksamkeit, deshalb ist es sehr wichtig, dass wir uns auf unsere Erfolge konzentrieren, und nicht auf unsere Misserfolge.
8. Was möchte ich mir selbst zum Ende dieses 30 Tage Praxisprogramms schenken, um mich für meine innere Entwicklung in den letzten 4 Wochen und für meinen Erfolg zu belohnen? Lassen Sie diesen Schritt nicht aus! Warum er so wichtig ist, erfahren Sie jetzt.

Tag 30:

Tun Sie heute gar nichts und feiern Sie sich! Schenken Sie sich das, was Sie gestern in Frage 8 notiert haben.

Vielen Menschen fällt es schwer, sich selbst zu belohnen und sich zu feiern. Sie haben gelernt, es sei egoistisch oder es würde Sie arrogant und überheblich werden lassen, sich mit ihrer eigenen Großartigkeit und Ihren positiven Fähigkeiten zu beschäftigen. Und sie rationalisieren es damit, dass Sie es sich zeitlich oder finanziell nicht leisten könnten und dass das ja auch nicht unbedingt sein müsse.

Die Folge eines solchen Denkens ist aber, dass wir uns selbst unbewusst immer kleiner machen und irgendwann überzeugt sind, unsere Bemühungen seien nichts wert.

Diese Überzeugung kann so weit gehen, dass ein Mensch, der bereits kurz vor einem Burnout steht, selbst in dieser Situation noch das Gefühl hat, was er leistet, reiche noch nicht, es sei nichts Besonderes, nicht wertvoll genug und es müsse noch mehr sein.

Sagen Sie sich selbst, wenn Sie einen Erfolg erzielt haben, niemals: Ach, so toll war das nun auch nicht, oder: das ist doch nichts Besonderes. Mich selbst belohnen, das muss doch nicht unbedingt sein. Diese Woche habe ich sowieso keine Zeit dafür.

Meine klare Meinung dazu:

DOCH! WENN SIE ETWAS GELERNT ODER GETAN HABEN, DAS SIE BISHER NOCH NICHT KONNTEN, DANN IST DAS ETWAS BESONDERES!

UND, DOCH: DAS ERFOLGE FEIERN MUSS UNBEDINGT SEIN! MACHEN SIE ES ZU IHRER PRIORITÄT UND SCHAFFEN SIE SICH ZEIT DAFÜR!

Es ist deshalb so wichtig, denn wenn wir regelmäßig unsere Erfolge (und uns selbst) feiern, dann motivieren wir uns selbst nicht nur durch die Belohnung dazu, uns anschließend noch weiter zu entwickeln, weiter proaktiv zu wachsen und weitere Erfolge zu erzielen, sondern wir signalisieren uns damit auch:

Ich habe etwas gut gemacht. Ich habe alles richtig gemacht! Das, was ich getan habe, war so wertvoll, dass es eine Belohnung verdient! Und dieses „Feedback" an unser Unterbewusstsein (und unser Bewusstsein) trägt weiter zum Wachstum unseres Selbstwertgefühls und unseres Selbstvertrauens bei.

Lernen Sie daher unbedingt, sich selbst zu beschenken, sich zu belohnen und sich Gutes zu tun! Und sich für Ihre Erfolge zu feiern! Das kann, muss aber nicht immer mit einem materiellen Geschenk erfolgen, sondern einfach mit etwas, das IHNEN im Moment Freude macht!

Und wenn Sie mir (noch) nicht glauben, dann probieren Sie es aus und testen Sie, was es mit Ihnen und Ihrem Selbstbewusstsein macht!

Säule 2: Sie sind richtig! So bauen Sie Ihre Selbstliebe und Selbstakzeptanz auf

Kommen wir nun zur zweiten Säule Ihrer neuen, unwiderstehlichen Ausstrahlung: Der Selbstakzeptanz und Selbstliebe.

In diesem Kapitel möchte ich Ihnen drei Strategien zeigen, mit denen Sie Ihre Selbstliebe und Ihre Selbstakzeptanz aufbauen können. Wenn Sie diese Strategien so wie beschrieben umsetzen, werden Sie schon nach ein paar Tagen eine deutliche Veränderung in sich feststellen. In einem Monat werden Sie sich vollkommen anders fühlen als heute und eine ganz neue Ausstrahlung erhalten...

Die Macht der inneren Stimme

Es gibt eine Instanz in uns, die unserem Selbstwertgefühl und unserem frisch aufgebauten Selbstvertrauen sehr gefährlich werden und beides innerhalb kürzester Zeit zerstören kann, wenn wir sie nicht regulieren, und der wir deshalb unsere Aufmerksamkeit schenken sollten:

Unsere innere Stimme.

Diese innere Stimme sitzt direkt in unserem Kopf und spricht unaufhörlich mit uns. Je nachdem, was sie uns sagt und in welchem Ton sie mit uns spricht, fühlen wir uns gut, gemocht und bestätigt, oder aber falsch, klein und unzulänglich. Sie kann uns Dinge sagen wie „Kannst Du nicht aufpassen!“, „Du machst Dich lächerlich!“, „Geht das nicht schneller?“, „So schaffst Du das nie“, „Warum solltest ausgerechnet DU mit so etwas Erfolg haben, das haben schon ganz andere versucht“. Wir ziehen dann automatisch den Kopf ein, lassen die Schultern hängen und fühlen uns schlecht, minderwertig, unsicher oder angespannt, wenn wir solche Dinge hören.

Unsere innere Stimme kann aber auch ganz anders mit uns umgehen. Sie kann uns sagen „Du siehst fantastisch aus!“ oder „Du bist genial!“, sofort richten wir uns auf, fühlen uns stolz und bestätigt. Oder sie kann uns Dinge sagen wie „Eins nach dem Anderen“, „Immer mit der Ruhe, lass Dich nicht unter Druck setzen“ oder „Du hast alles richtig gemacht!“ und wir fühlen uns beruhigt und in Ordnung.

Unsere innere Stimme ist mächtig, wir sollten sie nicht unterschätzen. Bereits ein einziger Satz von ihr hat einen Einfluss auf unser Lebensgefühl, unser Selbstwertgefühl und unser Selbstvertrauen. Stellen Sie sich vor, was geschieht, wenn ein Mensch über Jahre hinweg ständig Sätze hört, die ihn nieder machen, antreiben oder in Frage stellen. Wie muss ein solcher Mensch sich fühlen? Und wie wird sich jemand fühlen, der über Jahre hinweg täglich Bestätigung, Bewunderung, Lob und Mitgefühl entgegengebracht bekommt?

Wie könnte ein Mensch eine gewinnende Ausstrahlung erlangen, wenn er sich innerlich im Sekundentakt selbst niedermacht? Das ist gar nicht möglich. Deshalb ist dieser Punkt auch so wichtig zu beachten, wenn Sie Ihre Ausstrahlung verbessern wollen: Sorgen Sie dafür, sich innerlich aufzurichten, anstatt niederzumachen, und Sie werden sich leicht vorstellen können, wie Ihre Ausstrahlung sich nur alleine dadurch völlig verändert.

Das Fatale an einer kritischen inneren Stimme ist: wir glauben irgendwann an das, was uns immer wieder gesagt wird und halten es dann für wahr. Wir beginnen, uns entsprechend zu verhalten und bekommen dadurch zu allem Überfluss auch von unserer Außenwelt entsprechende Reaktionen, die unser Selbstbild bestätigen. Und wir merken es oft nicht einmal.

So kann es passieren, dass ein kluger, fleißiger, sehr fähiger und begabter Mensch sich permanent unzulänglich fühlt und sich für seine mangelnde Leistung selbst heruntermacht, dass er sich zu immer neuen Leistungen und besseren Ergebnissen antreibt, um sich auch nur einigermaßen im Spiegel betrachten oder anderen selbstbewusst gegenüber treten zu können. Ebenso kann es passieren, dass ein sehr attraktiver Mensch sich selbst durch den Einfluss seiner inneren Stimme höchst kritisch betrachtet, sich für kleinste Makel verurteilt, niedermacht oder gar hasst, dass er sich selbst geradezu verabscheut oder seinen Körper ablehnt, weil und solange er nicht vollkommen makellos ist.

Es ist sehr wichtig zu verstehen, dass wir das Bild, das wir (und später auch Andere) von uns selbst haben und nach außen ausstrahlen, auch durch unsere innere Stimme selbst erschaffen - und dass wir es jederzeit neu erschaffen können. Das sollten wir daher sehr bewusst tun: unser gesamtes Lebensgefühl hängt davon ab.

Es ist aus diesem Grund ungemein wichtig, dass wir unsere innere Stimme nicht länger unseren Feind sein lassen. Wir müssen sie zu unserem Freund machen!

Zu einem guten, wohlwollenden Freund, der uns kennt und mag, so wie wir sind, der uns unterstützt und bestätigt und der uns lieb hat, ohne dass wir etwas dafür tun müssen. Der seine Worte vorsichtig wählt, wenn er mit uns spricht und der uns schont. Der uns selbst Kritik liebevoll nahebringt. Und uns damit nicht in Frage stellt. Der niemals auf die Idee kommen würde, uns für unsere Schwächen nieder zu machen. Genau so sollten wir auch mit uns selbst umgehen. Mit uns selbst sprechen. Jeden Tag, und jede Minute.

Oft hat sich unsere innere Stimme jedoch bereits verselbständigt und wir nehmen nicht mehr bewusst wahr, was sie zu uns sagt. Die Art, wie sie mit uns spricht, wird für uns normal. Wie können wir also vorgehen, um unsere innere Stimme zu unserem Freund zu machen?

Achten Sie zunächst einmal einen ganzen Tag lang bewusst darauf, was Ihnen Ihre innere Stimme für Dinge sagt – und achten Sie auch darauf, WIE sie es sagt. Auch wenn Ihnen das in manchen Situationen noch nicht gelingt, so werden Sie sie in anderen Situation doch bereits deutlich hören. Stellen Sie sich vor, mit einem anderen Menschen würde auf diese Art gesprochen. Sie werden dadurch einen guten Eindruck davon bekommen, wie Ihr Selbstbild aussehen muss.

Schreiben Sie diese Sätze auf. Erinnern sie Sie an bestimmte Stimmen aus Ihrer Vergangenheit? Falls ja, wem gehören diese Stimmen? Wer hat so mit Ihnen gesprochen? Vielleicht Ihre Eltern oder Geschwister oder vielleicht auch Menschen außerhalb Ihrer Familie? Vielleicht Ihre Klassenkameraden oder Lehrer? Wie haben Sie sich damals dabei gefühlt?

Machen Sie Notizen, auch wenn die Erinnerung ein bisschen schmerzt. Dinge werden uns klarer, wenn wir sie aufschreiben und niedergeschrieben vor uns sehen. Und um sich wirklich davon lösen zu können, ist es wichtig zu verstehen, unter welchem Einfluss Sie in der

Vergangenheit und insbesondere als Kind standen, von welchen Menschen dieser Einfluss ausging und was er mit Ihnen gemacht hat.

Wenn Ihnen bewusst geworden ist, wie man Sie damals behandelt hat, können Sie erkennen, dass es nicht Ihre Schuld ist – dass Sie nicht falsch sind - sondern dass andere Menschen vielleicht Fehler gemacht haben. Erst dann können Sie sich darin trainieren, diesen Stimmen nicht länger zuzuhören, ihnen keine Bedeutung mehr zu schenken - und sich stattdessen bewusst bestätigende und unterstützende Dinge zu sagen.

Beginnen Sie so mit sich zu sprechen, wie Sie mit einem sehr lieben Freund sprechen würden.

Denken Sie dafür einmal an den liebevollsten und herzlichsten Menschen, den Sie je getroffen haben und wählen Sie seine oder ihre Stimme in Gedanken aus, um mit Ihnen zu sprechen. Die Dinge, die sie Ihnen sagt, bestimmen Sie selbst. Aber Sie können sich den Klang seiner oder ihrer Stimme ausleihen, um von der negativen Stimme in Ihrem Kopf Abstand zu gewinnen und sie abzulösen.

Tun Sie das in den nächsten 15 Tagen täglich ganz bewusst (zum Beispiel immer morgens unter der Dusche und abends beim Zähneputzen, oder auch im Auto an jeder roten Ampel oder in der Schlange im Supermarkt). Ihre innere Stimme wird diese Gewohnheit irgendwann übernehmen und beginnen, automatisch so mit Ihnen umzugehen, ohne dass Sie sie bewusst steuern müssten.

Sie erziehen dadurch Ihre innere Stimme dazu, Sie gut zu behandeln und Ihnen eine treue Unterstützung zu sein, Ihnen Sicherheit und Bestätigung zu geben, anstatt Sie zu verunsichern und klein zu machen. Ihr Selbstwertgefühl, aber auch Ihr gesamtes Lebensgefühl und infolgedessen auch Ihre Ausstrahlung werden sich alleine dadurch massiv zum Positiven verändern. Und Ihre innere Stimme wird nach und nach zu einem Instrument werden, mit dem Sie sich selbst bewusst Liebe und Zuwendung, Aufmerksamkeit und Bestätigung zufließen lassen können, wann immer Sie sich das wünschen.

Sie sind richtig! – Verändern Sie Ihre Glaubenssätze über sich

Wenn es uns schwer fällt, uns selbst zu lieben, dann sind dabei so gut wie immer negative Glaubenssätze im Spiel, die sich über Jahre oder Jahrzehnte in unseren Köpfen festgesetzt haben. Diese Glaubenssätze erzählen unserem Verstand (meist unbewusst, dafür aber in penetranter Regelmäßigkeit), dass wir unzureichend, dumm, nicht gut genug und nicht liebenswert sind und sie halten eine ganze Sammlung von Beweisen für diese Annahmen in Reserve, die sie immer wieder in unser Gedächtnis schicken, um unsere schmerzhaften Erinnerungen aufzufrischen und unsere negativen Glaubenssatz in uns lebendigt zu halten.

Wenn wir uns selbst lieben wollen, dann müssen wir diese sabotierenden negativen Glaubenssätze über uns selbst loswerden – und zwar dauerhaft.

Wie aber ändert man Glaubenssätze, die sich über Jahre und Jahrzehnte in unseren Köpfen festgesetzt haben, und die uns oft nicht einmal bewusst sind?

Glaubenssätze sind innere Überzeugungen (also auch Erwartungen) über uns, die Welt, andere Menschen, oder bestimmte Ursache-Wirkungszusammenhänge. Sie sind durch bestimmte Erfahrungen in uns entstanden, die wir entweder selbst gemacht, oder bei anderen beobachtet oder übernommen haben.

Glaubenssätze lassen sich nicht durch bloßes positives Denken ändern. Wir können sie auch nicht wegdenken, ignorieren oder uns von Ihnen frei machen. Wir können sie aber durch neue, positive Glaubenssätze ersetzen!

Dazu ein Beispiel:

Wenn Sie davon überzeugt sind, keine Vorträge halten zu können, weil Sie in der Vergangenheit immer wieder diese Erfahrung gemacht haben, dann wird es Ihnen nichts nutzen, sich vor dem nächsten Vortrag 10 Mal selbst zu sagen, dass Sie gute Vorträge halten. Ihr Verstand wird Ihnen das – zu recht - nicht glauben, denn er hat genügend Gegenbeweise gesammelt.

Was Sie stattdessen tun müssen, ist, andere, positive Erfahrungen zu sammeln! Nur solche neuen „Beweise" werden unsere Überzeugungen dauerhaft ändern und die alten Überzeugungen ersetzen können.

Sie haben in diesem Buch bereits erfahren, dass Sie negative Glaubenssätze mit neuen persönlichen Standards grundlegend durch neue, positive ersetzen können.

Aber Sie können sich auch ganz gezielt einzelne negative Glaubenssätze über sich selbst vorknöpfen und diese durch positive ersetzen, indem Sie sich in diesem Bereich selbst beweisen, dass Sie mit Ihrem bisherigen Glaubenssatz unrecht hatten – also indem Sie neue Erfolgserlebnisse als Beweis sammeln.

Wie aber können wir positiven Erfahrungen sammeln, wenn wir, um bei unserem Beispiel zu bleiben, nun mal keine Vorträge halten können? Nun, am besten in Situationen, in denen die Anforderungen deutlich niedriger sind als normalerweise.

In diesem Fall zum Beispiel, indem wir statt vor dem wichtigsten Kunden unserer Firma einen kleinen Vortrag auf einem Familienfest oder einer Hochzeit im Kreise von Freunden halten oder ähnliches.

Auf diese Weise können Sie natürlich nicht nur Ihre Glaubenssätze über Ihre Fähigkeit, Vorträge zu halten, verändern, sondern auch alle anderen.

Sorgen Sie dafür, dass Sie in Situationen Gegenbeweise sammeln, in denen die Wahrscheinlichkeit, dass Sie Erfolg haben, sehr groß ist und vermeiden Sie vorübergehend schwierige Situationen, um sich vor schlechten Erfahrungen zu schützen. Mit jeder positiven Erfahrung wächst Ihre neue Überzeugung (die zunächst noch eine vage Hoffnung ist) ein kleines Stück weiter, was die Wahrscheinlichkeit eines neuen Erfolgs ebenfalls weiter erhöht.

So können Sie den „Schwierigkeitsgrad“ beim Gegenbeweise sammeln langsam steigern und wenn Sie genügend positive Erfahrungen (Beweise) gesammelt haben, werden Ihre negativen Glaubenssätze durch neue, positive ersetzt und Ihre Erwartungen damit automatisch korrigiert sein.

Zusätzlich sollten Sie sich Menschen zum Vorbild nehmen, die das gut können, was Sie lernen wollen. Beobachten Sie

sie und imitieren Sie bei jedem Ihrer Tests ein oder zwei kleine Dinge von ihnen. Überfordern Sie sich nicht, denn es ist wichtig, dass Sie Ihre eigenen Anforderungen auch erfüllen können, wenn Sie Ihren Glaubenssatz ändern wollen.

Auf diese Weise können Sie sich alle Glaubenssätze in Ihrem Leben vornehmen, die Sie davon abhalten, sich selbst ein glückliches Leben zu erschaffen und vor allem jene, die Sie davon abhalten, strahlend und voller Freude und Sicherheit auf die Welt und andere Menschen zuzugehen.

Erstellen Sie einen „Aktionsplan“, wie Sie positive Gegenbeweise für jeden Ihrer limitierenden Glaubenssätze sammeln wollen und ersetzen Sie so jeden dieser negativen Glaubenssätze Stück für Stück (einen nach dem anderen) durch neue, positive.

Befreien Sie sich von Schuldgefühlen

Viele Menschen tragen tief in ihrem Unterbewusstsein verborgene Schuld- oder auch Minderwertigkeitsgefühle, die sie davon abhalten, Liebe in ihr Leben zu lassen, sich Gutes zu gönnen und sich selbst zu lieben. Natürlich wirken sich solche verborgenen Schuldgefühle auch ganz massiv auf ihre Ausstrahlung aus. Das ist deshalb besonders tückisch, weil sie sich dieser Gefühle in der Regel nicht bewusst sind.

Sie merken dann vielleicht, dass es ihnen schwerfällt, Hilfe anzunehmen, sich verwöhnen zu lassen, oder sich reich beschenken zu lassen, ohne im Gegenzug sofort wieder etwas geben zu müssen, oder dass sie immer wieder Beziehungen oder Karrierechancen sabotieren. Und sie verstehen nicht, warum. So traurig es ist, aber solange wir glauben, wir seien es nicht wert, geliebt und beschenkt zu werden, weil wir minderwertig oder keine wirklich guten Menschen seien, werden wir uns selbst auch nicht lieben und so auch keine wirklich gewinnende Ausstrahlung erlangen können.

Wir müssen also erkennen, dass wir unschuldig sind. Und zu diesem Zweck müssen wir uns unsere wahren Absichten etwas näher ansehen. Unsere Absichten mit anderen Menschen, mit unserer Firma, unserem Leben, unserem Planeten. Natürlich ist klar: Kein Mensch hat ausschließlich gute Absichten. Aber unsere Absichten mit Anderen sind nicht schlechter, als die von anderen Menschen. Und selbst wenn das phasenweise doch so sein sollte, dann haben wir wahrscheinlich gute Gründe dafür, warum wir diese Absichten entwickelt haben und nicht alle diese Gründe hatten wir selbst in der Hand.

Gehen Sie also ruhig nachsichtiger mit sich um und beginnen Sie, Ihren Blick auf die vielen guten Absichten zu richten, die Sie jeden Tag hegen und für die Sie sich selbst wahrscheinlich kaum wertschätzen.

Notieren Sie zu diesem Zweck täglich eine gute Absicht, die Sie am Tage einem anderen Lebewesen gegenüber gehegt haben. Vielleicht haben Sie einer Nachbarin gesagt, sie sehe toll aus, obwohl sie auch nach Ihrer Diät noch sehr füllig ist, weil Sie wissen, wie sehr sie sich eine schlanke Figur wünscht und ihr eine Freude machen wollten. Vielleicht haben Sie den neuen Kollegen besonders freundlich angelächelt weil Sie gesehen haben, wie unsicher er war, und Sie ihn stärken wollten. Vielleicht haben Sie beim Wandern einen verletzten Käfer auf dem Weg liegen sehen und ihn an den Wegrand geräumt, weil Sie sich Sorgen um ihn gemacht haben.

Vielleicht haben Sie ein Buch gelesen und dabei an einen Freund gedacht, dem es auch helfen würde, weil Sie gerne möchten, dass es ihm besser geht. Vielleicht hat ein Bekannter Sie zu einer Feier eingeladen, zu der Sie nicht gehen möchten und um seine Gefühle zu schonen, haben Sie ihm gesagt, dass Sie keine Zeit haben... Kleine Notlügen sind häufig eine Form von Rücksichtnahme und Fürsorge und sprechen für unsere guten Absichten mit Anderen.

All das sind natürlich Kleinigkeiten. Aber genau um diese Kleinigkeiten geht es. Sie machen in der Summe einen entscheidenden Unterschied in unserer Welt aus. Sie müssen keine Leben retten oder eine Heldentat vollbringen, um Ihre eigenen guten Absichten zu erkennen.

Je mehr Sie sich bewusst machen, wie viele Male am Tag Sie gute Absichten mit anderen Menschen hegen, wie oft Sie sich für sie Mühe geben und Zeit, Kraft und Aufmerksamkeit aufwenden, desto mehr wird sich etwas in Ihnen zu lösen beginnen.

Die alte unbewusste Schwere wird einem Gefühl von Entspannung, Erleichterung und tiefem innerem Frieden weichen. Dem Gefühl, richtig und gut zu sein. Und genauso bleiben zu dürfen. Sie werden beginnen, sich selbst aufrichtig zu mögen! Und je mehr das geschieht, desto leichter und selbstverständlicher werden Sie auch von Anderen Gutes annehmen und sich verwöhnen und beschenken lassen, ja wirklich empfangen können, ohne sofort etwas zurück geben zu müssen. Und Sie werden eine befreite, leichte und offene Ausstrahlung erlangen...

Säule 3: So öffnen Sie Ihr Herz wieder für andere Menschen

Wie Sie bereits gelesen haben, spüren die Menschen in Ihrem Umfeld sehr schnell, wie Sie innerlich zu sich selbst eingestellt sind – und das bewirkt in ihnen entweder eine Öffnung, Vertrauen und Sympathie Ihnen gegenüber, oder aber Misstrauen, Gleichgültigkeit oder Ablehnung.

Alle Menschen wünschen sich, für Andere wichtig zu sein und gemocht zu werden. Es handelt sich hierbei um zwei elementare Grundbedürfnisse jedes Menschen. Deshalb schätzt es auch jeder, wenn Sie sich ehrlich für ihn interessieren, das Gute und Liebenswerte in ihm sehen, wenn Sie wirklich offen für ihn sind und ihn ganz einfach mögen! Und Sie können sich vorstellen, wie Ihnen die Herzen anderer Menschen zufliegen werden, wenn Sie ihnen diese zwei wichtigen Grundbedürfnisse erfüllen können – ganz besonders in einer Zeit, in der das immer weniger Menschen tun.

Sie werden dadurch zu einer Person, die als überaus anziehend und positiv wahrgenommen wird. Wie Sie sicher auch schon einmal gehört haben, nehmen wir nämlich die Menschen, denen wir vertrauen und die wir mögen, als deutlich attraktiver und anziehender wahr, als Menschen, denen wir mistrauen und die wir nicht mögen. Was Sie in diesem Kapitel erfahren, können Sie deshalb auch einsetzen, wenn Sie gerne neue Freunde finden, Ihren Bekanntenkreis erweitern, ein besseres Verhältnis zu Ihren

Kollegen bekommen oder einen Partner finden möchten. Oder wenn Sie ganz allgemein bei Menschen beliebter werden möchten.

Ich möchte Sie nun dazu einladen, die 3 Qualitäten aufzubauen, die Sie brauchen, um zu einem solch anziehenden Kleinod zu werden:

Interessieren Sie sich aufrichtig für Menschen und ihre Gedanken

Wenn Sie einem Menschen begegnen, ganz gleich, ob es ein fremder oder ein Ihnen nahe stehender Mensch ist, fragen Sie sich: Was beschäftigt diesen Menschen wohl im Moment? Wie fühlt er sich? Wie geht es ihm? Was bedrückt ihn? Worüber freut er sich?

Ich kann mir schon denken, was Sie jetzt sagen werden:

Ich habe so viele eigene Probleme, so viele Dinge im Kopf, an die ich denken muss. Ich kann unmöglich so viel Aufmerksamkeit auf andere Menschen richten, schon gar nicht auf fremde... Doch genau hier liegt der entscheidende Punkt. Menschen möchten spüren, dass sie wichtig für andere sind. Und das tun sie nur, wenn sie ehrliche Aufmerksamkeit erhalten. Ja, das erfordert etwas Energie. Sie müssen etwas Aufmerksamkeit und Gedanken „investieren". Wenn Sie es jedoch ausprobieren, werden Sie sehr schnell feststellen, dass die Reaktionen Ihrer Umgebung überraschend positiv sein werden und dass Sie ungeahnte Freude, Bestätigung, Sympathie und positive Energie zurück erhalten werden.

Es gibt nur eine Sache, die Sie dabei beachten müssen:

Es muss Sie wirklich interessieren, wie es dem anderen geht, was er denkt und fühlt – nicht mit dem Hintergedanken, dass Sie damit anziehender auf ihn wirken, sich beliebt machen oder etwas zurück bekommen, sondern ganz ehrlich und aufrichtig nur, weil Sie an dem Wohl des anderen interessiert und neugierig auf ihn sind.

Denken Sie daran: Andere Menschen spüren unsere wahren Absichten unbewusst immer! Egal, wie geschickt wir sie zu verbergen suchen.

Sorgen Sie also dafür, dass Ihre Absichten aufrichtig sind. Und das gilt nicht nur für Ihren Partner, sondern auch für Ihren Chef, Ihre Nachbarin und den Kassierer an der Tankstelle.

Sehen Sie den guten Kern in Anderen und schenken Sie ihnen einen Vertrauensvorschuss

In jedem Menschen steckt ein unschuldiges Kind. Und jeder sehnt sich danach, dass andere dieses unschuldige, liebenswerte Wesen in ihm erkennen und sehen. Natürlich gibt es destruktive und manipulative Menschen. Und ich sage hier auch nicht, dass Sie sich mit solchen Menschen ungefiltert umgeben sollten. Im Gegenteil. Es ist wichtig, dass wir solche ungesunden Mechanismen durchschauen und uns von ihnen fernhalten. Aber auch diese Menschen haben ein unschuldiges, liebenswertes Kind in sich.

Was ich Ihnen nun empfehle, mag zunächst wie ein Widerspruch klingen, deshalb ist es wichtig, dass Sie das Folgende genau lesen und verstehen.

Meine Empfehlung lautet:

Richten Sie Ihre Aufmerksamkeit, wenn Sie mit einem Menschen zu tun haben, immer zunächst einmal auf den liebenswerten Kern in ihm, den er in jedem Fall hat, und geben Sie ihm einen Vertrauensvorschuss. Nur so können Sie eine offene und unvoreingenommene Ausstrahlung gewinnen, die in Anderen bewirkt, dass sie sich Ihnen gegenüber öffnen und Ihnen ebenfalls vertrauen.

ABER: Vertrauen Sie nicht blind, sondern beobachten Sie sein Verhalten wie ein unbeteiligter Besucher ein Theaterstück. Denn er muss Ihnen nun beweisen, dass er Ihr Vertrauen auch verdient hat. Gehen Sie also zunächst vom Positiven aus, aber beobachten Sie ihn entspannt in dem Wissen, dass Sie sich irren könnten.

Wenn Sie destruktive oder manipulative Verhaltensweisen an einem Menschen feststellen, dann bedeutet das nicht, dass Sie sich in ihm getäuscht haben, sondern nur, dass er um seinen liebenswerten Kern herum im Laufe seines Lebens Strategien aufgebaut hat, um sich seine Wünsche zu erfüllen, die für andere nachteilig oder gar zerstörerisch sein können.

Mein Tipp: Nehmen Sie solche Beobachtungen ernst und distanzieren Sie sich von solchen Menschen, wo immer möglich. Sie müssen diese Menschen nicht verurteilen. Aber Sie dürfen sich im Rahmen Ihrer eigenen Selbstliebe vor allem schützen, was Ihnen schadet. Sie dürfen von solchen Menschen fortgehen. Und das sollten Sie sogar, denn wenn Sie nicht lernen, sich vor schädlichem Umgang zu schützen, dann werden Sie sich aus berechtigter Angst früher oder später vor Menschen verschließen und anderen Menschen nicht mehr offen begegnen können. Und wie sich das auf Ihre Ausstrahlung auswirkt, können Sie sich vorstellen.

Achten Sie deshalb gut auf sich selbst, schützen Sie sich und beenden Sie Situationen frühzeitig, die Ihnen nicht gut tun, um in Ihrem Herzen offen bleiben zu können.

Probieren Sie diese Strategie einmal aus und richten Sie Ihre Aufmerksamkeit zuerst auf den liebenswerten Kern in anderen Menschen. Sie werden feststellen, dass viele Menschen Ihnen unendlich dankbar dafür sein werden, dass Sie ihnen diesen Vertrauensvorschuss schenken und an das Gute in ihnen glauben und sie werden sich in Folge dessen Mühe geben, Ihr positives Bild von ihnen nicht zu zerstören. Sie werden Sie alleine deshalb oftmals viel besser behandeln und sich viel mehr Mühe für Sie geben, als sie es für andere Menschen tun würden.

Senden Sie jedem Menschen eine gute Absicht

Das dritte, das Sie tun können, um sofort anziehender auf andere Menschen zu wirken, Ihre Ausstrahlung zu verbessern und die Herzen der Menschen um Sie herum zu öffnen, ist:

Senden Sie jedem Menschen, den Sie sehen, in Gedanken eine gute Absicht, also gute Wünsche.

Wenn Sie einen älteren Menschen mühsam eine Treppe hinaufgehen sehen, wünschen Sie ihm Gesundheit und Kraft. Wenn Sie einen Menschen an der Bushaltestelle sitzen und in seinem Handy tippen sehen, wünschen Sie ihm, dass es ihm gut geht. Wenn Sie Ihren Partner neben sich schlafen sehen, wünschen Sie ihm, dass er Ruhe und Erholung findet. Wenn Sie Ihren Chef angespannt zu einem Meeting hetzen sehen, wünsche Sie ihm, dass er dort alle Erwartungen erfüllen kann und mit sich selbst zufrieden aus dem Meeting herauskommen wird.

Das wirkt Wunder, denn andere Menschen spüren auf wundersame Weise sofort, wenn Sie ihnen eine gute Absicht senden.

Auch dieser Schritt kostet wieder etwas Aufmerksamkeit, auch hier müssen Sie zunächst etwas Energie aufbringen und „investieren". Doch auch hier werden Sie sich enorm und sofort spürbar von allen anderen Menschen abheben, da kaum jemand sich diese Mühe mit seinen Mitmenschen macht, obgleich sich doch alle Menschen danach sehnen.

Eine gute Absicht von anderen Menschen zu spüren bedeutet, wahrgenommen zu werden. Und das mit einer liebevollen Absicht. Und da sind wir schon wieder bei den elementaren Grundbedürfnissen der Menschen.

Werden Sie zum Menschenmagneten, indem Sie diese drei Schritte anwenden, die drei Qualitäten entwickeln und testen Sie, was passiert! Sie werden sehen, wenn Sie sie nur 7 Tage konsequent jeden Tag anwenden, wird sich nicht nur Ihre Ausstrahlung und Ihre Wirkung auf Andere vollkommen verändern, Sie werden sich auch völlig anders fühlen als bisher und Ihr äußeres Leben und Ihre Beziehungen zu anderen Menschen werden sich in Rekordgeschwindigkeit verändern.

Probieren Sie es aus!

Säule 4: So finden Sie pure Lebensfreude

Lebensfreude ist sexy! Und wirkt enorm anziehend! Doch im trüben Alltag mit unseren vielen Verpflichtungen, der Hektik und den Enttäuschungen, die wir im Laufe unseres Lebens wie alle anderen Menschen auch erleben, geht die Lebensfreude auch schon mal verloren oder deutlich zurück.

Was aber machen eigentlich Menschen anders, die auch noch im hohen Alter vor Energie und Freude sprühen, deren Augen blitzen und die sich wirklich noch über Dinge begeistern?

Diese Menschen haben ein Geheimnis. Sie sind ein ganz kleines bisschen verrückt geblieben!

Verrückt aber nicht im abgedrehten oder unsozialen Sinne. Sondern verrückt in dem Sinne, dass sie tun, wonach ihnen ist und dass sie ihr Herzen hören können und ihm folgen. Sie sind ver-rückt von der Norm, die uns Menschen in ein Korsett aus Normen zwingt. Wie viele von uns versuchen, anderen zu gefallen, kaufen sich ein neues Auto, weil man schließlich ein „ordentliches" Auto haben muss. Entscheiden sich gegen die Beziehung mit ihrem Seelenverwandten, weil er zu weit weg wohnt oder nicht zur eigenen Familie passt oder gehen nicht ihrem Traumjob nach, weil dieser Job in der Gesellschaft keine Anerkennung findet.

Im Grunde sind begeisterungsfähige Menschen also nicht verrückt im Sinne von sehr weit abgerückt von der Norm, sondern sie sind UNABHÄNGIG! Sie richten ihr Leben NICHT danach, was andere Menschen von ihnen denken, sondern SIE entscheiden, was sie tun und was sie gut finden oder auch nicht. Sie entscheiden, was sie mögen und was nicht, wie sie leben wollen und sie gönnen es sich, sich mit Dingen zu beschäftigen, die sie glücklich machen!

Sie sind FREI!

Genau wie ein Kind! Das schert sich bis zu einem gewissen Alter auch noch nicht darum, ob es der Norm entspricht und ob es eine ordentliche Erscheinung abgibt. Es springt mit voller Begeisterung in Matchpfützen herum, lacht, dass sich sein gesamter kleiner Körper schüttelt, wenn es etwas komisch findet und beschäftigt sich mit ganzer Aufmerksamkeit mit Dingen, von denen es fasziniert ist. Es rettet Käfer von der Straße und verschenkt seine Stofftiere an Kinder, die es mag. Kurz: Es tut das, was es für wichtig hält, beschäftigt sich mit dem, was es faszinierend findet und freut sich über das, was ihm im ersten Moment Freude bereitet.

Wenn wir uns diese Art von Freiheit wieder erlauben, nämlich die Freiheit, das zu tun, was uns Freude macht, so zu leben, wie es uns glücklich macht und uns endlich aus dem Korsett der Erwartungen um uns herum zu befreien, dann stellen wir oft etwas interessantes fest:

Wenn wir beginnen, das zu tun, wonach wir uns wirklich sehnen, dann ist das oft gar nicht das Aussteigerleben im

Wohnmobil oder das Auswandern nach Asien, wogegen natürlich auch nichts einzuwenden ist.

Nein, es sind oft sehr viel kleinere Dinge, die wir uns bisher einfach nicht erlaubt haben.

Die Hauptquellen von Lebensfreude sind nämlich kreatives Tätigkeiten (im Prozess des Erschaffens erleben wir Glücksgefühle, und das gilt nicht nur für künstlerisch kreatives oder handwerkliches Tätigsein, sondern zum Beispiel auch für den Aufbau eines Unternehmens oder eines Herzensprojektes), ein freier Geist und der Mut (und die Fähigkeit), mit anderen Menschen echte Verbindungen aufzubauen.

Als man sterbende Menschen im Rahmen einer Studie befragte, was sie in ihrem Leben am meisten bereuen, so fanden sich unter den meist genannten Antworten drei Dinge:

Dass sie nicht den Mut gehabt hatten, ihren Träumen zu folgen, dass sie alte Freundschaften nicht aufrechterhalten hatten, und dass sie nicht mehr Zeit mit der Familie verbracht hatten.

Kein einziger dieser Menschen wünschte sich, mehr Zeit vor dem Fernseher oder im Büro verbracht zu haben.

Ich kann Ihnen nur ans Herz legen:

Leben Sie die Beziehungen, nach denen Sie sich sehnen, tun Sie die Dinge, die Ihnen echte Freude schenken (sie erkennen sie daran, dass sie durch die Beschäftigung mit ihnen neue Energie gewinnen), leben Sie so, wie es SIE glücklich macht und halten Sie „schiefe Blicke" aus, in dem Wissen, dass Sie etwas unendlich kostbares gewinnen:

Lebenszeit, die Sie in Freude verbringen, anstatt in Pflichterfüllung!

Auch das Arbeiten an einer großen Vision schenkt uns Energie und Freude, denn es handelt sich dabei ebenfalls um einen kreativen Prozess. Deshalb schenkt uns auch das Annähern an ein Ziel mehr Freude, als der Zustand, den wir gewinnen, nachdem wir das Ziel erreicht haben.

Was aber können Sie nun gezielt tun, um Ihre Lebensfreude zu aktivieren und Ihre Begeisterung zurück zu gewinnen?

Im Folgenden möchte ich Ihnen dafür einige Inspirationen und praktische Anleitung geben:

Schritt 1: Übernehmen Sie Verantwortung für Ihr Leben(sglück)

Es ist zugleich ein Fluch und ein Segen: Wir selbst tragen die Verantwortung dafür, wie wir unser Leben gestalten und zu einem großen Teil auch, wie glücklich wir darin sind.

Das ist natürlich eine unbequeme Wahrheit. Schließlich können Sie, wenn Sie sich das eingestehen, nicht mehr länger Ihrem Chef, Ihren Kollegen, der Wirtschaftslage, Ihren Nachbarn oder dem anderen Geschlecht die Schuld für Ihre Unzufriedenheit in die Schuhe schieben. Aber es ist auch eine fantastische Chance! Denn Sie KÖNNEN in allen Ihren Lebensbereichen etwas ändern.

Das mag das zwar manchmal tatsächlich nicht einfach sein. Und natürlich gibt uns unsere Umgebung (unsere Gesellschaft, das Wirtschaftssystem, die Naturgesetze) gewisse Rahmenbedingungen vor, innerhalb derer wir uns bewegen, solange wir nicht aus diesem Umfeld ausbrechen wollen. Aber innerhalb dieses Rahmens haben wir unzählige Möglichkeiten, unser Leben zu gestalten, mit dieser Umgebung umzugehen und auf sie zu reagieren. Immer wieder höre ich Menschen sagen: in meinem Fall ist das anders. Ich kann tatsächlich nichts ändern. Doch bei näherer Betrachtung müssen auch sie sich eingestehen, dass sie viele verschiedene Möglichkeiten haben – selbst mit ihren ganz speziellen Ausgangsbedingungen.

Wir haben schlichtweg IMMER eine Wahl!

Und oft ist es gar nicht so schwer, unser Glück selbst in die Hand zu nehmen und etwas zu ändern, wenn wir nicht glücklich sind, wie wir uns das vor dem Hintergrund all unserer über Jahre „gezüchteten" Ängste und Sorgen vorstellen. Darüber hinaus fließen uns, wenn wir uns trauen, aus der Routine und dem Alltagstrott auszubrechen und glücklich so zu leben, wie es uns entspricht, Unmengen an neuer Energie zu, mit der wir eventuelle Schwierigkeiten viel leichter meistern können.

Diese Energie entsteht durch unsere Begeisterung, unsere Vorfreude, unsere Liebe zu unserem Leben, unsere Dankbarkeit und unser gesteigertes Selbstvertrauen. Denn egal, was wir uns vormachen, wir wissen eigentlich ganz genau, wie gut wir unsere Aufgabe, uns selbst im Leben glücklich zu machen, meistern - und das wirkt sich unmittelbar auf unser Selbstvertrauen (als Vertrauen in uns selbst, uns glücklich machen zu können) aus.

Umgekehrt kann uns ein Leben in dauerhafter Unterforderung, Langeweile und Unzufriedenheit tatsächlich krank machen (wahrscheinlich haben Sie auch schon einmal von dem Begriff Boreout gehört). Denn auch, wenn wir nicht viel Energie in einen langweiligen Job oder ein routine-gefülltes Leben geben müssen, so fließt uns auch im Gegenzug daraus nur sehr wenig Energie zu, da wir mit der Zeit oft kaum noch Erfolgserlebnisse, kein Gefühl der Sinnstiftung, und immer weniger Leidenschaft, Liebe und Dankbarkeit für unser Leben in uns tragen, sodass wir letztendlich ausgelaugter enden, als wenn wir uns zu einem Schritt aus der Routine heraus und hinein in ein glückliches Leben überwunden hätten, das uns zwar vielleicht mehr Energie kostet, aber auch wesentlich mehr Energie schenkt.

Vor diesem Hintergrund ist es umso wichtiger, dass wir unser Leben nicht mit Unzufriedenheit und Langeweile verschwenden.

Ist unser Leben nicht die Mühe wert, dass wir ein paar kleine Risiken eingehen, auch mal den etwas unbequemeren Weg gehen, bei dem wir gezwungen werden, zu wachsen und uns zu entwickeln, um unter neuen Umständen, die wir geschaffen haben, Erfolg und Erfüllung zu finden?

Mein erster Tip für mehr Lebensfreude lautet daher: Nehmen Sie sich jetzt einmal 5 Minuten Zeit und denken Sie sich in die Zukunft. Sehen Sie sich selbst mit 80 oder 90 Jahren auf Ihr Leben zurück blicken. Seien Sie ganz ehrlich: Wären Sie glücklich und stolz auf Ihr Leben? Wären Sie mit sich zufrieden?

Oder würde ein trauriges oder schmerzhaftes Gefühl von Reue in Ihnen hochkriechen, oder die Erkenntnis, dass Sie Vieles hätten anders machen können, oder Sie vieles eigentlich gern getan hätten, für das es nun zu spät ist?

Seien Sie wirklich ehrlich zu sich, es lohnt sich. Und nun mein Vorschlag:

Versprechen Sie Ihrem 80 oder 90 jährigen Ich hier und heute, dass Sie alles tun werden, das Sie tun können, um aus Ihrem Leben ein glückliches Leben zu machen, damit

Sie einmal erfüllt und dankbar darauf zurückschauen und aus diesem Leben gehen können. Verpflichten Sie sich Ihrem Versprechen für den Rest Ihres Lebens und nehmen Sie es ernst.

Müssen wir wirklich alles stehen und liegen lassen, ganz neu anfangen oder unseren Job über Bord werfen, um das Beste aus unserem Leben zu machen? Ganz klar: nein! Wir sind alle vollkommen unterschiedlich, auch wenn uns die Medien (und die Werbung) gerne glauben machen, dass wir doch alle das Gleiche wollen – und müssen deshalb auch jeder unseren eigenen Weg finden, wenn wir uns selbst verwirklichen wollen.

Natürlich haben alle Menschen bestimmte gemeinsame Grundbedürfnisse wie das Bedürfnis, zu Überleben (Nahrung etc.), das Bedürfnis nach Sicherheit (auch finanzieller Sicherheit), sowie soziale Bedürfnisse zum Beispiel nach Liebe, menschlicher Verbindung und Beziehungen, wie auch der us-amerikanische Psychologe Abraham Maslow in seiner bekannten Bedürfnispyramide veranschaulicht hat. Aber sobald diese Grundbedürfnisse gestillt sind, melden sich in uns unsere individuellen Bedürfnisse und unser Bedürfnis nach Selbstverwirklichung. Und um diese stillen zu können, muss jeder Mensch seine eigenen Antworten finden.

Der eine findet seine große Erfüllung in einer spannenden Tätigkeit als Mitarbeiter in einer Firma, der andere beim Aufziehen von vier Kindern, ein dritter beim Gründen eines eigenen Unternehmens, ein vierter beim Erforschen spannender Fragen, ein fünfter beim Retten bedrohter Tierarten und ein sechster womöglich als Aussteiger in der Südsee.

Wir haben heute zahllose Möglichkeiten, unendlich viele verschiedene Lebenskonzepte. Noch nie standen uns so viele Wege offen wie heute. Das macht uns zu Pionieren in einer vollkommen neuen Lebenssituation, mit der wir noch kaum Erfahrung haben. Gar nicht so einfach also. Aber auch nicht unlösbar.

Angesichts dieser zahlreichen neuen Möglichkeiten beginnen sich gerade erst seit wenigen Jahrzehnten, vollkommen neue, noch nie dagewesene Lebenskonzepte zu bilden. Glauben Sie also nicht, sich in eines der bereits bestehenden Lebenskonzepte einfügen zu müssen, wenn ihnen das nicht entsprechen sollte. Sie dürfen sich ohne schlechtes Gewissen Ihr ganz eigenes Lebenskonzept erschaffen (solange Sie damit niemandem schaden).

Das muss nach außen hin weder glänzen, noch besonders attraktiv wirken. Es muss nur eines tun: Es muss SIE so glücklich machen, dass Sie morgens freudstrahlend in den Tag starten wollen. Lassen Sie sich bitte auch von niemandem einreden, dass ein Leben, in dem von außen betrachtet wenig Neues passiert, nicht erfüllend sein kann. Sie müssen weder Extremsportler, noch Globetrotter werden, und auch nicht Ihren Job kündigen, um ein aufregendes Leben zu führen.

Entscheidend ist, was SIE erfüllt! Dafür müssen Sie zwar ehrlich zu sich selbst sein, aber Sie brauchen niemandem sonst darüber Rechenschaft ablegen. Der einzige Indikator den es gibt, um das zu messen, ist Ihr Begeisterungslevel. Spüren Sie Freude und Begeisterung bei dem was Sie tun, haben Sie den Wunsch, sich dafür einzusetzen oder „los zu legen" ist es mit ziemlicher Sicherheit richtig für Sie.

Je weniger Begeisterung Sie spüren, desto weniger passt es vermutlich zu Ihnen. Und wenn Sie sich gar dazu überwinden müssen, so sollten Sie sich lieber nach etwas Neuem umsehen. Natürlich kann uns nicht alles jederzeit nur angenehm sein. Auch die tollste Tätigkeit enthält in der Regel Elemente, zu denen wir uns überwinden müssen. Aber es geht bei dieser Betrachtung um Ihr Grundgefühl zu der Sache im Großen und Ganzen, und zu dem Wert, den Sie der Sache für Ihr Leben beimessen, und nicht um die Details.

Und keine Sorge: auch wenn sich heraus stellen sollte, dass zu Ihnen ein ganz anderes Leben passt, als Sie es im Moment leben, so müssen Sie nicht SOFORT und schon gar nicht überstürzt Ihr gesamtes Leben ändern. Alle Änderungen, zu denen Sie sich entscheiden, können Sie wohl überlegt in einem sinnvollen Zeithorizont umsetzen und sanft in Ihr Leben einführen, wenn das für Sie am besten sein sollte.

Wir haben ja in den meisten Fällen (so Gott will) noch einige Jahre oder Jahrzehnte vor uns und können es uns ganz locker leisten, einige Jahre in ein paar sehr große Richtungsänderungen in unserem Leben zu investieren, wenn das für uns so besser ist – oder wenn davon andere, uns nahestehende Menschen, zum Beispiel unsere Kinder oder unser Partner, betroffen wäre, auf die wir Rücksicht nehmen wollen.

Wichtig ist aber, dass wir uns zunächst ganz ehrlich klar machen, WAS wirklich zu uns passt, was wir tun müssen, um uns nicht mehr in einer Routine gefangen zu fühlen und nicht mehr in einem Hamsterrad zu strampeln (die Veränderung, die wir dafür vielleicht vornehmen wollen, ist beim Einen größer und beim Anderen kleiner) und dass wir uns dazu entschließen, es zu tun und sofort mit dem ersten Schritt anfangen.

Mein Tip lautet also: Spüren Sie jetzt einmal in sich hinein, ermitteln Sie ehrlich das Begeisterungs- und Zufriedenheitslevel, das Sie in Ihren unterschiedlichen Lebensbereichen spüren und identifizieren Sie so die Bereiche, in denen Sie Ihr Leben ändern möchten. Damit bestimmen Sie quasi Ihren Ausgangszustand.

Nun stellt sich Ihnen natürlich die Frage, was Sie tun können, um der Unzufriedenheit in diesen Bereichen zu entfliehen. Lesen Sie dazu einfach weiter:

Schritt 2: So finden Sie Ihre Begeisterung wieder

Ich möchte Ihnen hier ein eher ungewöhnliches Vorgehen empfehlen:

Anstatt uns Möglichkeiten zu überlegen, die wir haben, um unser Leben zu verbessern, schlage ich Ihnen vor, zunächst einmal vollkommen neue Gedanken in Ihr Leben zu bringen, um ihren Horizont zu erweitern.

Warum das? Nun, ganz einfach: Wenn Sie sich mit Ihrem aktuellen Gedankenhorizont überlegen, was Sie tun können um zufriedener zu werden und wieder Begeisterung zu finden, dann werden Ihnen nur Dinge einfallen, die innerhalb Ihres jetzigen Gedanken-Horizonts liegen. Alles, was außerhalb ist, wird nicht mit bedacht. Damit entgehen Ihnen fantastische Möglichkeiten, von denen Sie womöglich nie (oder erst zu spät in Ihrem Leben) erfahren werden.

Deshalb lautet mein Tipp für Sie: Beginnen Sie ein neues Leben mit neuen Gedanken.

Wie? Indem Sie sich Gedanken von Menschen anhören oder durchlesen, die positiv, erfolgreich, erfüllt und mit sich und ihrem Leben zufrieden sind. Menschen, die Sie bewundern oder deren Leben Sie auch gerne führen würden.

Die Gedanken der Menschen, mit denen wir uns befassen, erweitern unseren Horizont stark und färben früher oder später auf unser eigenes Denken ab. Ganz wichtig ist, dass all diese Menschen, von denen Sie sich inspirieren lassen, sich für ihr eigenes Glück engagieren und verantwortlich fühlen und dass sie lösungsorientiert (und nicht problemorientiert) denken.

Verabreden Sie sich doch jetzt sofort mit einigen solcher Menschen in Ihrem Bekanntenkreis zum Kaffee, sehen Sie sich im Internet Interviews mit solchen Menschen an oder kaufen Sie sich Bücher von Autoren, deren Gedanken Sie inspirieren.

Hören Sie dabei sehr aufmerksam hin und stellen Sie sich folgende Fragen: Welche Dinge beschäftigen diesen Menschen? Wie denken sie über ihr Leben und über das Leben im Allgemeinen? Wie gehen sie mit Schwierigkeiten um und wie lösen sie ihre Probleme? Was macht sie glücklich und was gibt ihnen Sinn im Leben? Was begeistert sie und was haben sie bisher getan, um diese Dinge in ihr Leben zu bringen? Was davon würde Sie auch glücklich machen? Und was von dem, was diese Menschen getan haben, könnten (und wollen) auch Sie tun?

Ich empfehle Ihnen, bevor Sie einen weiteren Schritt unternehmen, sich ab heute drei Wochen lang jeden Tag eine Weile mit dem Lesen/Anhören oder direkten Erleben solcher Menschen und Gedanken zu beschäftigen. Zum Beispiel eine Stunde bevor Sie schlafen gehen, oder auch in Ihrer Mittagspause. Wenn Sie wenig Zeit haben können auch problemlos nebenbei im Auto ein Hörbuch oder beim Kochen ein Interview mit einem interessanten Menschen anhören, im Bus zur Arbeit oder im Wartezimmer beim

Arzt ein Buch oder E-book lesen und sich nach Feierabend mit inspirierenden Menschen zum Kaffee verabreden. Räumen Sie sich dafür täglich zumindest eine kurze Zeit ein, lassen Sie sich regelmäßig inspirieren und Ihren Horizont erweitern und seien Sie gespannt, was sich bereits dadurch in Ihrem Denken und in Ihnen verändern wird.

Schritt 3: Setzen Sie sich große Ziele

Können Sie sich noch daran erinnern, wann Sie sich zum letzten Mal ein wirklich großes Ziel gesetzt, es ernsthaft verfolgt und schließlich auch erreicht haben? War das nicht eine sehr intensiv wahrgenommene Zeit?

Wenn wir uns große Ziele setzen, die uns etwas bedeuten, gewinnen wir ein Gefühl von Sinn, Richtung und Bedeutung und das schenkt uns ungemeine Zufriedenheit und Kraft. Und wenn wir sie erreichen, auch ein stark gestiegenes Selbstwertgefühl und neues Selbstvertrauen.

Wenn wir ein wichtiges Ziel verfolgen, werden Langeweile und Routine automatisch aus unserem Alltag verdrängt, denn wir bewegen uns dabei auf etwas Neues zu, sind gezwungen, etwas anderes zu tun als wir bisher getan haben (sonst hätten wir dieses Ziel bereits verwirklicht), etwas Neues zu lernen, zu wachsen oder auch ein ganz neuer Mensch zu werden. Wenn wir auf ein wirklich großes Ziel hin arbeiten, ändern sich dabei sowohl unsere Persönlichkeit, als auch unsere Perspektive und nicht zuletzt natürlich unser Leben.

Haben Sie noch große Ziele in Ihrem Leben? Etwas, auf das Sie hinleben, das Sie noch erreichen oder erschaffen wollen? Etwas Großes, das Sie der Welt hinterlassen möchten, wenn Sie einmal sterben? Ein Lebenswerk, das Ihnen so wichtig ist, dass Sie gerne dafür Einsatz und Mühe aufbringen wollen?

Falls nicht, setzen Sie sich große Ziele. Zumindest eines. Etwas, das Ihnen wirklich wichtig ist. Verpflichten Sie sich diesem Ziel und beginnen Sie, es ernsthaft zu verfolgen. Alleine dadurch wird sich Ihr gesamtes Leben ändern und der trübe Alltag wird zunehmend von dem von Ihnen Neugeschaffenen verdrängt.

Wenn Sie meine Tips bis hierhin befolgt haben, werden Sie jetzt sicher bereits zahlreiche Ideen für wirklich lohnenswerte, große Ziele im Kopf haben und können daraus auswählen, was Ihnen am wertvollsten und am ehesten der Mühe wert erscheint.

Einige Erfolgsautoren empfehlen übrigens, sich nur einer einzigen großen Vision im Leben zu verschreiben und nur Ziele zu wählen, die zu dieser Vision passen. Nach ihrer Einschätzung ist es nicht möglich, mehrere wirklich große Ziele gleichzeitig anzustreben. Und tatsächlich besteht die Gefahr, sich zu verzetteln. Auch ich würde Ihnen empfehlen, sich auf den Bereich zu konzentrieren, der Ihnen am wichtigsten ist und zunächst mit einer einzigen Vision und nur einem oder sehr wenigen dazu passenden Zielen zu beginnen. Diese Vision können Sie aber jederzeit weiter entwickeln.

Mein Tip an dieser Stelle lautet: Schreiben Sie sich Ihr Ziel auf. Und ganz wichtig: verpflichten Sie sich ihm. Es sollte ein so wichtiges und schönes Ziel sein, dass Sie es auch ernst nehmen und nicht in einer Woche oder einem Monat wieder vergessen haben. Und dann notieren Sie sich, bis wann Sie es in Ihrem Leben erreicht haben möchten.

Schriftliche Ziele sind konkreter und verbindlicher als solche, die wir uns nur im Kopf überlegen. Das Niederschreiben ist bereits eine Art Planung mit Erfüllungsdatum, bei der wir unser Gehirn darauf programmieren, es bis zu diesem Zeitpunkt zu erreichen und in unserem Alltag aufmerksam zu sein und alle Chancen wahrzunehmen, die uns diesem Ziel näher bringen können.

Hätten wir kein konkretes Ziel, würden all diese Chancen über die Jahre an uns vorbei ziehen, ohne dass wir wüssten, dass wir sie zu unserem Glück nutzen können. Sie werden sich wundern, wenn Sie zu Ihrem Ziel-Zeitpunkt wieder in Ihr Notizbuch sehen. Denn wenn Sie ein Ziel gewählt haben, das Sie wirklich WOLLEN, dann werden Sie es mit großer Wahrscheinlichkeit auch bis zu diesem Zeitpunkt verwirklicht haben.

Schritt 4: Tun Sie die Dinge auf Ihre Art – oder: Seien Sie ein kleines bisschen verrückt!

Die höchste Form des Glücks ist ein Leben
mit einem gewissen Grad an Verrücktheit.

Erasmus von Rotterdam

Ich habe es bereits angesprochen:

Wer sagt eigentlich, dass Sie in die Schubladen passen müssen, in die andere Menschen Sie einordnen? Dass Sie überhaupt in irgendeine Schublade passen oder der Norm entsprechen müssen? Ist es nicht eigentlich das Problem der Anderen, wie sie über Sie denken – und nicht Ihres? Können Sie nicht auch einfach einmal etwas Verrücktes tun?

Doch, Sie können. Und Sie sollten sogar! Denn ein bisschen Spaß und Abwechslung muss sein. Bringen Sie in den Ernst des Lebens etwas Spielerisches, einfach etwas Spaß... Ihre Ausstrahlung wird dadurch sofort etwas leichtes und befreites gewinnen und Ihr Energielevel steigt durch die Freude, die Sie in sich aufbauen und ausstrahlen...

Moment mal, werden Sie jetzt vielleicht einwenden. Sollten wir denn keine Rücksicht auf die Konventionen und die Gepflogenheiten der Gesellschaft nehmen, in der wir leben?

Bis zu einem gewissen Grad schon, finde ich, denn hinter manchen Konventionen steckt auch heute noch Sinn - für uns und andere oder für ein harmonisches Miteinander zwischen Menschen und völlige Gedankenlosigkeit oder gar bewusstes Rebellentum könnten uns und anderen Schaden zufügen, womit auch wir nichts gewonnen hätten. Wahrscheinlich sind Sie auch kein rebellischer Teenager mehr.

Aber bei unzähligen Dingen schadet es niemanden, wenn wir einfach einmal etwas anders machen als alle anderen. Dort engen wir uns durch unsere eigenen Gedanken oder die gedanklichen Konzepte Anderer Tag für Tag unnötig ein, ohne dass es irgendeinem Menschen nutzt.

Erlauben Sie sich deshalb doch einfach einmal, zu hinterfragen und selbst zu beurteilen, ob Sie die Konzepte und Verhaltensnormen, die Sie leben und die in Ihrem Umfeld von Ihnen erwartet werden, als sinnvoll erachten und ob Sie sich weiter daran halten möchten oder nicht.

Sie haben Angst, von Anderen verurteilt, abgelehnt oder ausgeschlossen zu werden?

Keine Sorge, Sie müssen ja nicht gleich völlig aus dem Rahmen fallen. Tun Sie einfach hin und wieder einmal etwas Unkonventionelles. Sprich: Leben Sie Ihr Leben so, wie es IHNEN Spaß macht, solange Sie damit niemandem schaden, und nicht mehr nur so, wie man es von Ihnen erwarten würde.

Setzen Sie Ihre eigenen Standards und entwickeln Sie Ihren eigenen Stil. Und zwar nicht nur modisch sondern in Ihrem gesamten Leben. Und scheren Sie sich nicht über das unbedingt notwendige Maß hinaus um die Schubladen, in die Sie von anderen eingeordnet werden oder bereits wurden und in die Sie dann nicht mehr hinein passen.

Tun Sie all das nicht, um Andere zu schockieren oder gar vor den Kopf zu stoßen, sondern einfach, weil das IHR Stil ist und er zu IHNEN passt.

Sie geben übrigens damit auch Ihrem Umfeld die Chance, Lebenskonzepte nicht mehr ganz so bierernst zu nehmen, sondern einfach auch einmal etwas Abwechslung in Ihr eigenes Alltagsleben zu bringen.

Wenn Sie das hin und wieder tun, werden Sie wahrscheinlich die Erfahrung machen, dass einige Leute sich zwar zunächst über Sie empören (oder über Sie schmunzeln, was in Wahrheit oft Bewunderung bedeutet), aber dass genau dieselben Menschen, wenn Sie das konsequent weiter machen und sich nicht davon abhalten lassen, die gleichen Dinge nach einiger Zeit ebenfalls etwas lockerer anzugehen beginnen oder Sie ganz offen dafür zu bewundern beginnen. Oft haben sie sich nämlich nur deshalb über Sie entrüstet, weil sie sich selbst diesen einengenden Konventionen verpflichtet fühlen – und sich möglicherweise damit auch nicht immer wohl fühlen. Solche Menschen werden Ihnen letztlich sogar dankbar dafür sein, dass Sie die Akzeptanz für mehr Individualität in Ihrem Umfeld erhöht haben.

Aber was auch immer Sie tun, tun Sie es nicht für die Bewunderung anderer Menschen. Und lassen Sie es nicht bleiben aus Angst vor dem Urteil anderer Menschen. Tun Sie es, um Ihr eigenes Leben bunter und lebendiger zu machen – ohne Anderen zu schaden - und kümmern Sie sich nicht weiter darum, was die Anderen darüber denken.

Wie wichtig ist das Aussehen für eine unwiderstehliche Ausstrahlung?

Nachdem Sie dieses Buch gelesen haben, können Sie sich die Antwort auf diese Frage wahrscheinlich bereits selbst geben:

Wir strahlen aus, was wir SIND, also was wir wirklich denken und fühlen. Unsere Gefühle, unsere innere Haltung und unsere wahren Absichten werden von den Menschen in unserem Umfeld (bewusst oder unbewusst) wahrgenommen und lassen in ihnen ebenfalls Gefühle entstehen, die dazu führen, dass sie uns als anziehend, liebenswert, interessant und positiv wahrnehmen, oder aber als uninteressant, eigenartig oder sogar abstoßend.

Nicht Ihr Aussehen bestimmt Ihre Ausstrahlung, sondern Ihre innere Haltung!

Wenn Sie es schaffen, in Ihrem Inneren durch Ihre Gedanken, Ihre Haltung zum Leben, zu anderen Menschen und zu sich selbst und durch Ihren Lebensstil Glücksgefühle und echte Freude in sich aufzubauen, dann werden Sie genau diese Freude nach außen ausstrahlen und auf andere Menschen unwiderstehlich anziehend wirken.

Es spielt für eine unwiderstehliche Ausstrahlung also keine Rolle, wie Sie aussehen, wie klein, große, dick oder dünn und wie alt Sie sind oder wie symmetrisch Ihre Gesichtszüge sind.

Allerdings gibt es tatsächlich eine Sache, die Sie für Ihr Äußeres tun können, um Ihre Wirkung auf andere Menschen positiv zu verändern:

Schenken Sie Ihrem Körper liebevolle Aufmerksamkeit in Form von fürsorglicher Pflege. Nicht so sehr mit dem Hintergedanken, Ihre Außenwirkung zu verbessern, sondern mit der Absicht, Ihrem Körper etwas Gutes zu tun. Pflegen Sie Ihre Haare, dehnen Sie Ihren Körper und Ihre Faszien, versorgen und schützen Sie Ihre Haut, schmücken Sie sich mit hübscher Kleidung und Accessoires, wenn Sie das möchten, aber nur mit Dingen, die IHNEN gefallen und mit denen SIE sich wohlfühlen.

Ziel dessen ist es, dass SIE sich in Ihrem Körper so wohl wir nur irgend möglich fühlen und ihm die liebevolle Aufmerksamkeit schenken, die er so sehr verdient hat – ganz egal, wie Sie aussehen. Denn diese liebevolle Zuwendung zu Ihrem Körper wird Ihre Ausstrahlung ebenfalls verändern: Sie werden ausstrahlen, dass Sie Ihren Körper lieben, mögen und annehmen und dass Sie der Meinung sind, dass er das allerbeste verdient hat... Und andere Menschen werden darauf reagieren.

Erinnern Sie sich: Andere Menschen spüren immer unser wahren Gedanken!

Machen Sie sich deshalb nicht länger Gedanken darüber, wie Sie aussehen, werfen Sie vielleicht sogar Ihre Waage weg und richten Sie Ihre Aufmerksamkeit stattdessen ab heute darauf, sich und Ihrem Körper Gutes zu tun und dafür zu sorgen, dass er gesund bleibt und sich ein Leben lang rundum wohl fühlt…

Schlusswort

Ich hoffe, dieser Ratgeber hat Ihnen gefallen und wird Ihnen helfen, eine unwiderstehliche Ausstrahlung aufzubauen, die authentisch ist, aus Ihrem tiefsten Inneren kommt, und Ausdruck Ihrer echten inneren Stärke und unbändigen Lebensfreude ist.

Sie haben nun das Wissen und eine Schritt für Schritt Anleitung, wie Sie das erreichen können.

Doch nun stehen Sie vor dem entscheidenden Schritt, der darüber entscheidet, ob dieses Buch Sie und Ihr Leben verändern wird, oder ob Sie es in wenigen Wochen wieder vergessen haben:

IHREM Schritt in die Praxis.

Daher ist dieser letzte Tip von mir der wichtigste des gesamten Buches:

Setzen Sie Ihr neues Wissen JETZT um!

Warten Sie nicht damit, sondern beginnen Sie heute mit dem ersten Schritt, der Umsetzung des Praxisprogramms.

Sie wissen ja:

Nicht Wissen ist Macht, sondern angewandtes Wissen. Nicht-angewandtes Wissen vermag nichts zu verändern... Sorgen Sie deshalb dafür, dass Sie dieses Buch nicht umsonst gelesen haben.

Wenn Sie die Strategie aus diesem Buch ernsthaft umsetzen und sich wirklich darauf einlassen, werden sich Ihr gesamtes Leben und auch Ihr Lebensgefühl in kürzester Zeit auf sehr tiefer Ebene verändern. Das verspreche ich Ihnen!

Werden Sie zu einem Menschenmagneten!

Denn Sie sind längst viel großartiger als Sie denken! Sie müssen Ihre wahre innere Größe nur noch freilegen und anderen Menschen auch zeigen.

Leben Sie nicht länger unter Ihren Möglichkeiten, sondern entdecken und entfesseln Sie Ihre wahre Größe, zeigen Sie sie Ihrem Umfeld und beginnen Sie, Ihr Leben wirklich zu leben!

Unsere tiefste Angst ist nicht, dass wir unzulänglich sind.
Unsere tiefste Angst ist, dass wir unermesslich machtvoll sind.
Es ist unser Licht, das wir fürchten, nicht unsere Dunkelheit.

Wir fragen uns:
Wer bin ich eigentlich, dass ich leuchtend, hinreißend, talentiert und fantastisch sein darf?
Wer bist du denn, es nicht zu sein?
Du bist ein Kind Gottes.

Dich selbst klein zu halten, dient der Welt nicht.
Es hat nichts mit Erleuchtung zu tun, wenn du dich kleiner machst,
damit andere um dich herum sich nicht verunsichert fühlen.

Wir sollen alle strahlen wie die Kinder.
Wir wurden geboren, um die Herrlichkeit Gottes zu verwirklichen, die in uns ist.
Sie ist nicht nur in einigen von uns; sie ist in jedem Einzelnen.

Und wenn wir unser eigenes Licht erstrahlen lassen, geben wir unbewusst anderen Menschen die Erlaubnis, dasselbe zu tun.
Wenn wir uns von unserer eigenen Angst befreit haben, befreit unsere Gegenwart andere ganz von selbst

Marianne Williamson

(zitiert von Nelson Mandela in seiner Antrittsrede)

Ich wünsche Ihnen von Herzen alles Gute!

Bis bald, vielleicht in einem meiner anderen Ratgeber. Ich würde mich freuen!

Ihre Cosima Sieger

Mein Geschenk für Sie – Ein 7 Tage Übungsprogramm für mehr Selbstliebe

Wer sich selbst liebt, der fühlt sich sicher und kann sich der Welt in seiner vollen Größe zeigen.

Wie Sie erfahren haben, bilden Ihr Selbstwertgefühl und Ihre Selbstliebe, also Ihre innere Einstellung zu sich und Ihr Umgang mit sich selbst eine wichtige Säule für eine unwiderstehliche Ausstrahlung.

In meiner Beratung gebe ich meinen Klienten, die Ihre Selbstliebe aufbauen wollen, ein 7 Tage Übungsprogramm, mit dem sie ergänzend in fünf Minuten am Tag ihre Selbstliebe aufbauen (2 Minuten morgens und 3 Minuten abends).

Nun habe ich mich entschieden, Ihnen, lieber Leser oder liebe Leserin, mein Programm als Ergänzung zu diesem Buch ebenfalls zur Verfügung zu stellen, denn es wird Sie in großen Schritten zu mehr Selbstliebe bringen und es „kostet" mich nur wenige Klicks, es Ihnen zu zusenden.

Schreiben Sie mir einfach eine E-Mail an cosimasieger@gmail.com und ich sende Ihnen das Programm kostenlos als pdf zu.

Und so arbeiten Sie damit:

Drucken Sie das pdf 3 Mal in Farbe oder schwarz-weiß aus und machen Sie 3 Wochen lang jeden Morgen 2 Minuten und jeden Abend 3 Minuten lang die Übungen darin. Nach 21 Tagen werden Sie ein neuer Mensch sein.

Sie dürfen mir auch gerne anonym schreiben. Selbstverständlich wird Ihre E-Mail Adresse in keinen E-Mail-Verteiler aufgenommen und Sie erhalten auch später keine Werbung oder sonstige Informationen.

Ich freue mich darauf, Ihnen zu helfen. Schreiben Sie mir!

Die Cosima Sieger Ratgeber im Überblick

Das große Buch der Gelassenheit

Dein Weg aus dem Stress zurück in die Freiheit!

Stress bewältigen im Job in 3 Schritten!

Das große Achtsamkeit Übungsbuch

Achtsam werden für sich selbst - 10 Tipps!

Die 7 Säulen der Selbstliebe

7 Selbstliebe Rituale für jeden Tag

Großer Selbstliebe Ratgeber

Großes Selbstliebe Übungsbuch - 30 Tage Praxisprogramm

Der Weg aus dem Stress in ein Leben zum Wohlfühlen!

Großes Selbstbewusstsein Übungsbuch - 30 Tage Praxisprogramm

10 Tipps für ein starkes Selbstbewusstsein

Selbstvertrauen – das ultimative Geheimnis!

Smalltalk sicher in 15 Tagen – Das Praxisprogramm

Introvertiert erfolgreich in einer extrovertierten Welt

Selbstbehauptung lernen - Das 15 Tage Praxisprogramm

Gewohnheiten ändern – Das 30 Tage Praxisprogramm

Großes Praxisbuch der Selbstfindung

Der Weg zurück zur Lebensfreude

Großes Praxisbuch zum Loslassen (in 5 Schritten)

Trennung überwinden in 30 Tagen – Das Praxisprogramm

Entrümpeln für ein Leben in Leichtigkeit und Freiheit

Entscheidungen treffen ohne Mühe

Freunde finden ohne Mühe

Das Geheimnis des Glücks (Praxisbuch zum Glücklichsein)

Wie Sie mit Dankbarkeit Gelassenheit, Zufriedenheit, Glück und pure Lebensfreude finden

Großes Dankbarkeit Übungsbuch

„Ich helfe Menschen, stark, gelassen und glücklich zu werden.

Das ist meine Vision."

Cosima Sieger

Es erscheinen regelmäßig neue Cosima Sieger Ratgeber.
Schauen Sie einfach mal bei Ihrem Buchshop vorbei.

Anhang, Haftungsausschluss und Copyright

Was denken Sie?

Wenn Ihnen mein Ratgeber gefallen hat, freue ich mich auf Ihre Rezension! Eine kurze Bewertung gibt mir meine Motivation, um weitere Ratgeber für diese Reihe zu schreiben und auch das Wissen, wie ich sie so gestalten kann, dass ich Ihnen damit am besten helfe.

Selbstverständlich ist sowohl positives, als auch negatives Feedback willkommen. Mit beidem kann ich meine Bücher kontinuierlich für meine Leser verbessern, und das ist mir sehr wichtig. Über positives Feedback freue ich mich aber natürlich ganz besonders.

Schenken Sie mir also doch jetzt noch 2 Minuten Ihrer Zeit und schreiben Sie mit ein oder zwei Zeilen jetzt gleich noch eine kurze Bewertung zu diesem Buch.

Vielen herzlichen Dank für Ihre Unterstützung!

Haftungsausschluss, Impressum & Eigentumsrechte

Wir sind bemüht, alle Angaben und Informationen in diesem Buch korrekt und aktuell zu halten. Trotzdem können Fehler und Unklarheiten leider nie vollkommen ausgeschlossen werden. Daher übernehmen wir keine Gewähr für die Richtigkeit, Aktualität, Qualität und Vollständigkeit der vorliegenden Texte und Informationen.

Für Schäden, die durch die Nutzung der bereitgestellten Informationen mittelbar oder unmittelbar entstehen, haften wir nicht, solange uns nicht grob fahrlässiges oder vorsätzliches Verschulden nachgewiesen werden kann. Für Hinweise auf eventuelle Fehler oder Unklarheiten sind wir Ihnen dankbar.

Impressum:

Die Autorin Cosima Sieger wird vertreten durch:

Miriam Al-Kebbeh
Niedernhausener Strasse 45
60326 Frankfurt am Main
E-Mail: info@freizeitgewinnen.de

Alle etwaigen in diesem Buch genannten Markennamen und Warenzeichen sind Eigentum der rechtmäßigen Eigentümer. Sie dienen hier nur zur Beschreibung der jeweiligen Firmen, Produkte oder Dienstleistungen.

37575639R00070

Printed in Poland
by Amazon Fulfillment
Poland Sp. z o.o., Wrocław